한자 자격 검정시험 대비를 위한

한자 능력 검정 시험

기출·예상문제집

도서출판 스타교육

한자를 알면 미래가 보인다.

이 책은 한국 어문학회 등이
시행하는 대한민국 한자자격검정시험을 위한
문제은행식 예상문제집으로 출간되었다.
이 책에 실린 문제는 실전문제를 수록하였을 뿐만
아니라 문제집 앞부분에 각 급수마다 배정한자의 훈음은
물론 전 단계 급수 배정한자의 훈음도 함께 실어
한자자격검정시험을 준비하는 수험생의 입장에서 편집하였다.
또한, 매 급수마다 배정한자를 활용한 단어와 뜻을 국어 사전식으로
배열하여 어휘력 증진은 물론 자습서 역할도 할 수 있도록
세심한 배려를 하였다.
이와 같이 여러 가지 유형을 알고 읽고 쓸 줄 안다면
그야말로 해당 급수에서 진정한 실력으로
급수자격을 획득할 수 있으리라 확신하여
이 문제집을 출간하게 되었다.

이 책의 특징

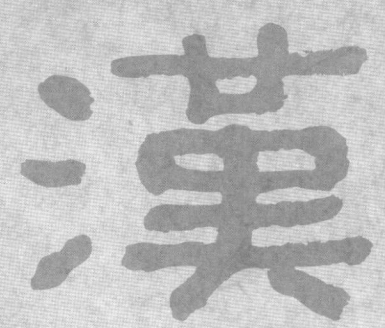

1. 앞 단계 배정한자를 포함한 급수별 배정한자의 훈음을 실었다.

2. 앞 단계 배정한자를 포함하여 문제를 출제하였다.

3. 배정한자의 쓰기본을 실어 누구나 쉽게 익힐 수 있도록 하였다.

4. 각 급수별 선정된 한자의 대표적 훈음을 신활용 옥편을 참고하여 실어 수험생의 자습서 역할도 할 수 있도록 하였다.

5. 각 급수별로 배정된 한자를 훈음 써보기 난과 훈음을 한자로 바꿔 써보기 난을 두어 문제를 풀어보기 전에 배정한자의 훈음을 익힐 수 있도록 하였다.

6. 급수별 배정한자를 활용한 단어와 뜻을 실어 어휘력 향상에도 도움이 될 수 있도록 하였다.

7. 문제의 모범답안을 실어 스스로 실력을 점검해 볼 수 있도록 하였다.

8. 단어를 펜글씨로 써보기 난을 두어 예쁜 글씨를 쓰면서 단어를 익힐 수 있도록 하였다.

■ 출제기준표

문제유형		급수별 분항 비율(%)							예제
		7급	준6급	6급	준5급 5급	준4급 4급	준3급 3급	2급 1급	
읽기	한자어 독음 쓰기	25	10	20	20	20	20	10	孝道(효도)
	문장속 한자어 독음쓰기	*	5	10	10	10	10	10	孝道(효도)는 모든 행실의 근본이다.
	한자훈음쓰기	15	14	20	20	20	20	20	孝(효도효)
쓰기	낱말풀이보고 바꿔쓰기	*	2	5	5	5	5	5	효도:부모를 잘 섬기는 도리=(孝道)
	문장속 낱말 바꿔쓰기	*	5	10	10	10	10	20	효도(孝道)는 모든 행실의 근본이다.
	훈음에 맞는 한자쓰기	*	8	20	20	20	20	25	효도 효(孝)
기타	고사성어 및 사자성어	*	2	2	2	2	2	2	죽어서도 은혜를 갚는다는 뜻을 가진 고사성어는? (結草報恩) 혹은 뜻을 쓰기
	맞는 것 끼리 연결하기	10	*	*	*	*	*	*	서로 맞는 것 끼리 연결하시오.
	반의자 및 동의자	*	2	4	4	4	4	4	다음 한자의 반의자(동의자)를 쓰시오.
	한자어 뜻쓰기	*	1	4	4	4	4	4	孝道:(부모를 잘 섬기는 도리)
	사지선답형	*	*	3	3	3	3	*	다음 뜻이 다르게 쓰인 것은? ①音樂 ②樂器 ③農樂 ④娛樂
	부수 및 획수	*	1	2	2	2	2	2	다음 한자의 부수 및 총획수를 쓰시오.

※ 1. 7급. 준6급(50문항)을 제외한 각 급수별 공히 출제 문항수는 100문항
2. 한자어 독음쓰기, 한자 훈음 쓰기, 훈음에 맞는 한자쓰기는 2급부터 1급은 1문제당 두 개씩 출제하며 하나만 맞을 경우 0.5점 처리
3. 각 급수 공히 전단계 해당한자에서 40%, 현단계 해당한자에서 60% 출제함.

■ 각급수별 배정한자

급 수	급수별 배정한자수	비 고	급 수	급수별 배정한자수	비 고
8급	50	교육부 선정 상용한자	준3급	1,400	교육부 선정 상용한자
7급	100		3급	1,800	
6급	250		2급	2,400	학술연구 전문한자
준5급	400		1급	3,500	
5급	600		사범2급	4,000	
준4급	800		사범1급	5,000	
4급	1,000		▷사범 논술시험 100점 추가		

차 례

머리말 ··· 2

이 책의 특징 ··· 3

출제 기준표 ·· 4

차례 ··· 5

한자의 원리 ·· 6

배정한자 훈음 ··· 7

습자본 ·· 11

한자와 훈음 쓰기 ·· 20

기출문제(5회) ·· 31

예상문제(20회) ·· 41

모범답안 ··· 81

한자의 원리

■ 한자의 원리

漢字는 모양(形, 형), 소리(音, 음), 뜻(義, 의)의 3요소로 이루어진 글자로서, 이들 3요소를 결합 원리로 삼고 있다. 이 원리를 육서(六書)라고 하며, 다음과 같이 분류한다.

1 사물의 모양을 본뜬 글자-상형자 (象形字)

처음 한자를 만들 때에는 사물의 모양을 그대로 본떠 글자를 만들었으나 차츰 간단하게 정리되었다. 대개 자연 현상, 인체, 동물과 식물 등을 뜻하는 한자들이 여기에 속한다.

예) ☼ → 日, ☾ → 月, ☔ → 雨

2 생각이나 뜻을 부호로 나타낸 글자-지사자 (指事字)

눈에 보이지 않는 사물의 수나 양, 위치 등을 추상적이고 상징적으로 나타낸 글자다. 물체의 모양으로는 구체적으로 나타낼 수 없는 대상을, 일정한 기준에 따라 선이나 점으로 나타낸다.

예) 上, 下, 中

3 뜻과 뜻을 합한 글자-회의자 (會意字)

이미 만들어진 둘 이상의 글자를 결합하는 방법으로, 그 글자들의 본래 뜻을 살려 새 뜻을 나타내고, 음은 그 글자들과 다른 새로운 음을 취한다.

예) 日 + 月 = 明, 亻 + 木 = 休, 木 + 木 = 林

4 뜻과 음을 합한 글자-형성자(形聲字)

두 글자 이상이 결합하는 것은 회의와 같으나, 한 글자에서는 뜻을, 다른 글자에서는 음을 따 하나의 한자를 만든다는 점에서 회의와 차이가 있다. 이 형성자는 그 수가 매우 많다.

예) 頭 = 豆(두) + 頁(머리), 校 = 木(목) + 交(사귀다)

5 다른 뜻으로 활용되는 글자-전주자 (轉注字)

한 글자의 뜻이 그 비슷한 뜻 안에서 바뀌어 사용되는 경우를 말한다. '樂'은 '음악'이란 뜻인데, 음악을 하면 즐겁고 좋으므로 '즐겁다, 좋다' 라는 뜻으로도 쓰이는 것이 그 예이다.

예) 樂 (풍류악 → 즐거울락 → 좋아할요)

6 음이나 모양을 빌려쓰는 글자-가차자 (假借字)

이미 지니고 있는 의미와는 상관없이 그 글자의 음이나 모양을 빌려서 다른 사물을 나타내는 방법이다. 동물의 울음소리, 한자의 조사, 외래어 등을 표기할 때 쓰인다.

예) France(프랑스) → 佛蘭西, Asia(아시아) → 亞細亞

■ 준4급 한자훈음(800자) <▲는 준4급 신습한자 200자>

ㄱ

家 집 가	格 격식 격	瓜 오이 과	記 적을 기	道 길 도
佳 아름다울가	犬 개 견	官 벼슬 관	起 일어날 기▲	島 섬 도
街 거리 가▲	見 볼 견	觀 볼 관	其 그 기	徒 무리 도
可 옳을 가	나타날 현	關 빗장 관▲	期 기약할 기	都 도읍 도
歌 노래 가	決 결단할 결	光 빛 광	基 터 기	圖 그림 도
加 더할 가	結 맺을 결	廣 넓을 광	氣 기운 기	讀 읽을 독
價 값 가▲	潔 깨끗할 결▲	交 사귈 교	技 재주 기	구절 두
假 거짓 가▲	缺 이지러질결▲	校 학교 교	旣 이미 기▲	獨 홀로 독
各 각각 각	京 서울 경	橋 다리 교	器 그릇 기	同 한가지 동
角 뿔 각	景 별 경	敎 가르칠 교	吉 길할 길	洞 골 동
脚 다리 각▲	輕 가벼울 경	九 아홉 구		꿰뚫을 통
干 방패 간	經 지날 경	口 입 구	## ㄴ	冬 겨울 동
間 사이 간	耕 밭갈 경▲	求 구할 구	暖 따뜻할 난▲	東 동녘 동
看 볼 간	敬 공경할 경	救 구원할 구	難 어려울 난▲	動 움직일 동▲
艮 머무를 간	慶 경사 경▲	究 궁구할 구▲	南 남녘 남	斗 말 두
渴 목마를 갈	競 다툴 경	久 오랠 구▲	男 사내 남	豆 콩 두
甘 달 감	界 지경 계	句 글귀 구	內 안 내	頭 머리 두
減 덜 감	溪 시내 계▲	舊 예 구▲	女 계집 녀	得 얻을 득▲
感 느낄 감	計 셈할 계	具 갖출 구	年 해 년	等 무리 등
監 살필 감	古 옛 고	區 구역 구▲	念 생각 념	登 오를 등
江 강 강	故 예 고	國 나라 국	怒 성낼 노▲	燈 등잔 등▲
講 익힐 강▲	固 굳을 고	君 임금 군	努 힘쓸 노▲	
強 굳셀 강	苦 괴로울 고	郡 고을 군	農 농사 농	## ㄹ
改 고칠 개	考 상고할 고▲	軍 군사 군	能 능할 능	羅 벌일 라▲
皆 다 개▲	高 높을 고	弓 활 궁		樂 즐거울 락
個 낱 개	告 알릴 고	權 권세 권▲	## ㄷ	풍류 악
開 열 개	뵙고청할곡	貴 귀할 귀	多 많을 다	좋아할 요
客 손님 객	庫 곳집 고▲	鬼 귀신 귀	丹 붉을 단	落 떨어질 락
更 다시 갱	谷 골 곡	規 법 규	꽃이름 란	卵 알 란
고칠 경	曲 굽을 곡	極 다할 극	但 다만 단	來 올 래
去 갈 거	坤 땅 곤▲	近 가까울 근	單 홑 단	冷 찰 랭
巨 클 거	骨 뼈 골	根 뿌리 근▲	短 짧을 단	良 어질 량
車 수레 거	工 장인 공	斤 도끼 근	端 끝 단	兩 두 량
수레 차	功 공 공	金 쇠 금	達 이를 달▲	量 헤아릴 량
擧 들 거	空 빌 공	성 김	談 말씀 담	凉 서늘할 량▲
建 세울 건	共 함께 공	今 이제 금	答 대답할 답	旅 나그네 려
乾 하늘 건▲	公 공변될 공	禁 금할 금	當 마땅할 당	麗 고울 려▲
件 물건 건	果 과실 과	及 미칠 급	大 큰 대	力 힘 력
健 굳셀 건	課 매길 과	給 줄 급	代 대신할 대	歷 지낼 력
巾 수건 건	科 조목 과	急 급할 급	待 기다릴 대	連 이을 련▲
檢 검사할 검	過 지날 과	級 차례 급	對 대답할 대	練 익힐 련
	戈 창 과	己 몸 기	德 큰 덕	列 벌일 렬
			刀 칼 도	烈 매울 렬▲
			度 법도 도	

令 하여금 령	明 밝을 명	變 변할 변	寺 절 사	悅 기쁠 열
領 거느릴 령	母 어머니 모	別 다를 별▲	史 역사 사	舌 혀 설
禮 예도 례	毛 털 모	丙 남녘 병▲	使 하여금 사	姓 성 성
路 길 로	暮 저물 모▲	病 병들 병	謝 사례할 사	性 성품 성
老 늙을 로	矛 창 모	兵 군사 병▲	師 스승 사	成 이룰 성
勞 일할 로	木 나무 목	保 보전할 보	死 죽을 사	城 재 성
綠 푸를 록	目 눈 목	步 걸음 보	私 사사로울 사	誠 정성 성
鹿 사슴 록	妙 묘할 묘▲	報 갚을 보	絲 실 사	盛 성할 성
論 말할 론▲	茂 무성할 무▲	福 복 복	思 생각 사	省 살필 성
料 헤아릴 료	武 굳셀 무	伏 엎드릴 복▲	事 일 사	덜 생
龍 용 룡	務 힘쓸 무▲	服 옷 복	山 뫼 산	星 별 성
留 머무를 류▲	無 없을 무	復 돌아올 복	産 낳을 산	聖 성인 성
流 흐를 류	毋 말 무	다시 부	散 흩어질 산▲	聲 소리 성
六 여섯 륙	門 문 문	卜 점칠 복	算 셈할 산	世 인간 세
陸 뭍 륙	問 물을 문	本 근본 본	殺 죽일 살▲	稅 세금 세▲
律 법 률▲	聞 들을 문	奉 받들 봉▲	감할 쇄	細 가늘 세
里 마을 리	文 글월 문	逢 만날 봉▲	三 석 삼	勢 권세 세
理 이치 리	勿 말 물	阜 언덕 부	上 위 상	歲 해 세
利 이로울 리	物 물건 물	夫 사내 부	尙 오히려 상	小 작을 소
李 오얏나무리	米 쌀 미	父 아버지 부	常 항상 상▲	少 젊을 소
林 수풀 림	未 아닐 미	富 부자 부	賞 상줄 상	所 바 소
立 설 립	味 맛 미	部 떼 부	商 장사 상	素 흴 소▲
ㅁ	美 아름다울미	婦 아내 부	相 서로 상▲	笑 웃음 소▲
馬 말 마	民 백성 민	否 아닐 부▲	霜 서리 상	俗 풍속 속
麻 삼 마	密 빽빽할 밀▲	막힐 비	想 생각할 상▲	續 이을 속▲
莫 없을 막▲	ㅂ	北 북녘 북	喪 죽을 상	孫 손자 손
萬 일만 만	反 돌이킬 반	달아날 배	狀 형상 상▲	松 소나무 송
晩 늦을 만▲	飯 밥 반	分 나눌 분	문서 장	送 보낼 송
滿 찰 만	半 절반 반	不 아니 불	色 빛 색	水 물 수
末 끝 말	發 필 발	아니 부	生 날 생	手 손 수
亡 망할 망	方 모 방	佛 부처 불	西 서녘 서	受 받을 수▲
忙 바쁠 망▲	房 방 방	比 견줄 비	序 차례 서▲	授 줄 수▲
忘 잊을 망▲	防 막을 방▲	非 아닐 비	書 글 서	首 머리 수
望 바랄 망	放 놓을 방	悲 슬플 비▲	暑 더울 서▲	守 지킬 수▲
每 매양 매	訪 찾을 방▲	飛 날 비	石 돌 석	收 거둘 수▲
買 살 매	拜 절 배▲	鼻 코 비	夕 저녁 석	須 모름지기수
賣 팔 매	杯 잔 배▲	備 갖출 비	先 먼저 선	愁 근심 수▲
妹 아래누이매▲	白 흰 백	貧 가난할 빈	仙 신선 선	樹 나무 수▲
麥 보리 맥	百 일백 백	氷 얼음 빙	線 줄 선	數 셈 수
免 면할 면	番 차례 번	ㅅ	善 착할 선	修 닦을 수▲
勉 힘쓸 면	伐 칠 벌▲	四 넉 사	選 가릴 선	宿 잘 숙▲
面 낯 면	罰 벌줄 벌▲	巳 뱀 사	雪 눈 설	별 수
名 이름 명	凡 무릇 범▲	士 선비 사	說 말씀 설	順 순할 순
命 목숨 명	法 법 법	仕 벼슬할 사	달랠 세	純 순수할 순▲

習	익힐	습	仰	우러를	앙▲	屋	집	옥	銀 은 은	栽 심을 재▲
承	이을	승▲	愛	사랑	애▲	溫	따뜻할	온	乙 새 을	再 다시 재▲
勝	이길	승	哀	슬플	애▲	瓦	기와	와	音 소리 음	哉 어조사 재▲
市	저자	시	也	어조사	야▲	完	완전할	완	陰 그늘 음	爭 다툴 쟁
示	보일	시	夜	밤	야	曰	가로	왈	邑 고을 읍	著 나타날 저▲
是	이	시	野	들	야	王	임금	왕	衣 옷 의	貯 쌓을 저
時	때	시	弱	약할	약	往	갈	왕	依 의지할 의▲	低 낮을 저
詩	글	시	若	같을	약	外	바깥	외	義 옳을 의	的 과녁 적▲
視	볼	시		반야	야	要	구할	요▲	醫 병고칠 의	赤 붉을 적
施	베풀	시	約	맺을	약▲	浴	목욕할	욕	意 뜻 의	適 맞을 적▲
始	비로소	시▲	藥	약	약	用	쓸	용	二 두 이	敵 원수 적
試	시험할	시	羊	양	양	勇	날랠	용▲	以 써 이	田 밭 전
矢	화살	시	洋	큰바다	양	容	얼굴	용	耳 귀 이	全 온전할 전
食	밥	식	養	기를	양	宇	집	우	而 말이을 이	典 법 전▲
式	법	식▲	揚	날릴	양▲	右	오른	우	異 다를 이▲	前 앞 전
植	심을	식	陽	볕	양	牛	소	우	移 옮길 이	展 펼 전
識	알	식	魚	물고기	어	友	벗	우	益 더할 익▲	戰 싸울 전
	기록할	지	漁	고기잡을	어	雨	비	우	亻 사람 인	電 번개 전
身	몸	신	於	어조사	어▲	又	또	우	引 끌 인▲	傳 전할 전
申	펼	신	語	말씀	어	遇	만날	우▲	仁 어질 인	節 마디 절▲
神	귀신	신	億	억	억	羽	깃	우	因 인할 인	絶 빼어날 절▲
臣	신하	신	言	말씀	언	雲	구름	운	認 인정할 인▲	接 이을 접
信	믿을	신	業	업	업	運	운전할	운	印 도장 인▲	丁 넷째천간 정
辛	매울	신	餘	남을	여	雄	수컷	웅	一 한 일	頂 이마 정▲
新	새로울	신	如	같을	여	元	으뜸	원	日 날 일	停 머무를 정
失	잃을	실▲	與	줄	여▲	原	근본	원	入 들 입	井 우물 정▲
室	집	실	亦	또	역▲	願	바랄	원	ㅈ	正 바를 정
實	열매	실	易	바꿀	역	遠	멀	원	子 아들 자	政 정사 정
心	마음	심		쉬울	이	園	동산	원	字 글자 자	定 정할 정
深	깊을	심▲	逆	거스를	역	圓	둥글	원▲	自 스스로 자	貞 곧을 정▲
十	열	십	然	그럴	연	月	달	월	者 사람 자	精 자세할 정
氏	각시	씨	煙	연기	연▲	位	자리	위	姉 손윗누이 자▲	情 뜻 정▲
ㅇ			硏	갈	연	危	위태할	위▲	慈 사랑 자	淨 깨끗할 정▲
兒	아이	아	熱	더울	열	爲	할	위	作 지을 작	庭 뜰 정
我	나	아▲	葉	잎	엽	由	말미암을	유▲	昨 어제 작▲	弟 아우 제
牙	어금니	아	永	길	영	油	기름	유	長 긴 장	第 차례 제
惡	악할	악	英	꽃부리	영	酉	닭	유	章 글 장	祭 제사 제
	미워할	오	榮	영화	영▲	有	있을	유	場 마당 장	題 제목 제
安	편안할	안	藝	재주	예	遊	놀	유▲	將 장수 장	除 덜 제▲
案	책상	안	五	다섯	오	遺	남길	유▲	壯 장할 장▲	諸 모두 제▲
顔	얼굴	안▲	午	낮	오	幼	어릴	유	才 재주 재	製 지을 제
眼	눈	안	誤	그릇될	오▲	肉	고기	육	材 재목 재▲	齊 가지런할 제
暗	어두울	암	烏	까마귀	오▲	育	기를	육	財 재물 재▲	早 일찍 조
巖	바위	암▲	玉	구슬	옥	恩	은혜	은	在 있을 재▲	造 지을 조▲

鳥	새	조		때	신	出	날	출	閉	닫을	폐	許	허락할	허
朝	아침	조	眞	참	진	忠	충성	충	布	베	포	革	가죽	혁
助	도울	조	進	나아갈	진	蟲	벌레	충	抱	안을	포▲	現	나타날	현
祖	할아비	조	集	모일	집▲	取	취할	취▲	暴	사나울	폭	賢	어질	현▲
爪	손톱	조		ㅊ		治	다스릴	치		사나울	포	玄	검을	현
足	발	족	且	또	차▲	致	이를	치	表	겉	표	血	피	혈
族	겨레	족	次	버금	차	齒	이	치	品	물건	품	穴	구멍	혈
存	있을	존▲	此	이	차▲	則	법칙	칙	風	바람	풍	協	도울	협
尊	높을	존▲	借	빌릴	차▲		곧	즉	豊	풍성할	풍	兄	맏	형
卒	군사	졸	着	붙을	착	親	친할	친	皮	가죽	피	形	형상	형
宗	마루	종	察	살필	찰	七	일곱	칠	彼	저	피▲	惠	은혜	혜
終	마칠	종	昌	창성할	창▲	針	바늘	침▲	必	반드시	필	戶	지게	호
左	왼쪽	좌	唱	부를	창▲		ㅋ		匹	짝	필▲	乎	어조사	호▲
罪	허물	죄	窓	창문	창	快	쾌할	쾌▲	筆	붓	필	呼	부를	호▲
主	주인	주	倉	곳집	창		ㅌ			ㅎ		好	좋을	호▲
住	살	주	責	꾸짖을	책	他	다를	타	下	아래	하	虎	범	호
朱	붉을	주	妻	아내	처▲	打	칠	타	夏	여름	하	號	부르짖을	호
宙	집	주	處	곳	처	脫	벗을	탈▲	賀	하례할	하▲	湖	호수	호
走	달릴	주	千	일천	천	探	찾을	탐▲	河	물	하	火	불	화
晝	낮	주	天	하늘	천	太	클	태	何	어찌	하▲	化	화할	화
舟	배	주	川	내	천	泰	클(편안할)	태▲	學	배울	학	花	꽃	화
竹	대	죽	泉	샘	천▲	宅	집	택	寒	찰	한	貨	재화	화▲
中	가운데	중	淺	얕을	천▲		집	댁	恨	한할	한▲	和	화목할	화
重	무거울	중	鐵	쇠	철	土	흙	토	限	한정할	한	話	말할	화
衆	무리	중▲	靑	푸를	청	通	통할	통	韓	나라이름	한	畵	그림	화
曾	일찍	증	淸	맑을	청	統	거느릴	통	漢	한수	한	禾	벼	화
增	더할	증	請	청할	청▲	退	물러날	퇴▲	合	합할	합	患	근심	환▲
支	지탱할	지	聽	들을	청▲	特	특별할	특	恒	항상	항▲	活	살	활
止	그칠	지	體	몸	체		ㅍ		害	해칠	해▲	黃	누를	황
之	갈	지	初	처음	초	破	깨뜨릴	파▲	海	바다	해	回	돌아올	회
知	알	지	草	풀	초	波	물결	파	亥	돼지	해	會	모일	회
地	땅	지	招	부를	초▲	判	판단할	판▲	解	풀	해▲	孝	효도	효
指	손가락	지▲	寸	마디	촌	八	여덟	팔	行	다닐	행	效	본받을	효▲
志	뜻	지	最	가장	최	貝	조개	패		항렬	항	後	뒤	후
至	이를	지	秋	가을	추	敗	패할	패	幸	다행	행	訓	가르칠	훈
紙	종이	지	推	밀	추▲	片	조각	편	向	향할	향	休	쉴	휴
持	가질	지▲		밀	퇴	便	편할	편	香	향기	향	黑	검을	흑
直	곧을	직	祝	빌	축		오줌	변	鄕	시골	향▲	興	일어날	흥▲
辰	별	진	春	봄	춘	平	평평할	평	虛	빌	허▲	希	바랄	희▲

준4급 급수한자

年　月　日　　　　　　　　　　　　　　　　　　　　　※ 획수는 총획수를 나타냄

招					指				
부를초 扌8획					손가락지 扌9획				
請					針				
청할청 言15획					바늘침 金10획				
取					相				
취할취 又8획					서로상 目9획				
得					逢				
얻을득 彳11획					만날봉 辶11획				
硏					解				
갈연 石11획					풀해 角13획				
究					脫				
궁구할구 穴7획					벗을탈 月11획				
乾					恒				
하늘건 乙11획					항상항 忄9획				
坤					常				
땅곤 土8획					항상상 巾11획				
純					彼				
순수할순 糸10획					저피 彳8획				
潔					此				
깨끗할결 氵15획					이차 止6획				
節					暴				
마디절 竹15획					사나울폭 日15획				
約					暑				
맺을약 糸9획					더울서 日13획				

▶ 글씨는 정자로 바르게 씁시다.

年　　月　　日　　　　　　　　　　　　　　　　　　　　　　　　　　　　※ 획수는 총획수를 나타냄

假					慶					
거짓가 亻11획					경사경 心15획					
借					賀					
빌릴차 亻10획					하례할하 貝12획					
授					虛					
줄 수 扌11획					빌 허 虍12획					
受					榮					
받을수 又 8획					영화영 木14획					
姉					退					
맏누이자 女 8획					물러날퇴 辶10획					
妹					治					
아래누이매 女 8획					다스릴치 氵 8획					
存					稅					
있을존 子 6획					조세세 禾12획					
在					務					
있을재 土 6획					힘쓸무 力11획					
悲					區					
슬플비 心12획					구역구 匸11획					
哀					別					
슬플애 口 9획					분별별 刂 7획					
情					慈					
뜻 정 忄11획					사랑자 心13획					
狀					愛					
형상상 犬 8획					사랑애 心13획					

▶ 글씨는 정자로 바르게 씁시다.

年   月   日   ※ 획수는 총획수를 나타냄

賢						財					
어질현 貝15획						재물재 貝10획					
妻						貨					
아내처 女 8획						재화화 貝11획					
絶						連					
빼어날절 糸12획						이을련 辶11획					
頂						續					
정수리정 頁11획						이을속 糸21획					
復						殺					
다시부 彳12획						죽일살 殳11획					
興						害					
일어날흥 臼16획						해칠해 宀10획					
講						聽					
익힐강 言17획						들을청 耳22획					
論						衆					
말할론 言15획						무리중 血12획					
伏						油					
엎드릴복 亻6획						기름유 氵8획					
兵						井					
군사병 八7획						우물정 二4획					
守						價					
지킬수 宀6획						값 가 亻15획					
舊						街					
옛 구 臼18획						거리가 行12획					

▶ 글씨는 정자로 바르게 씁시다.

年　　月　　日　　　　　　　　　　　　　　　　　　　　　　※ 획수는 총획수를 나타냄

한자	훈음	부수/획수	한자	훈음	부수/획수
脚	다리 각	月 11획	旣	이미 기	旡 11획
皆	다 개	白 9획	暖	따뜻할 난	日 13획
缺	이지러질 결	缶 10획	難	어려울 난	隹 19획
耕	밭갈 경	耒 10획	努	힘쓸 노	力 7획
溪	시내 계	氵 13획	怒	성낼 노	心 9획
庫	곳집 고	广 10획	達	통달할 달	辶 13획
考	상고할 고	耂 6획	徒	무리 도	彳 10획
關	빗장 관	門 19획	動	움직일 동	力 11획
久	오랠 구	丿 3획	燈	등잔 등	火 16획
權	권세 권	木 22획	羅	벌일 라	罒 19획
根	뿌리 근	木 10획	凉	서늘할 량	氵 10획
起	일어날 기	走 10획	麗	고울 려	鹿 19획

▶ 글씨는 정자로 바르게 씁시다.

年　　月　　日　　　　　　　　　　　　　　　　　　　　　　　　　　※ 획수는 총획수를 나타냄

烈					訪				
매울렬 灬10획					찾을방 言11획				
留					拜				
머무를류 田10획					절 배 手9획				
律					杯				
법 률 彳9획					잔 배 木8획				
莫					伐				
없을막 艹11획					칠 벌 亻6획				
晩					罰				
늦을만 日11획					벌줄벌 罒14획				
忙					凡				
바쁠망 忄6획					무릇범 几3획				
忘					丙				
잊을망 心7획					남녘병 一5획				
暮					奉				
저물모 日15획					받들봉 大8획				
妙					否				
묘할묘 女7획					아닐부 口7획				
茂					散				
우거질무 艹9획					흩어질산 攵12획				
密					想				
빽빽할밀 宀11획					생각상 心13획				
防					序				
막을방 阝7획					차례서 广7획				

▶ 글씨는 정자로 바르게 씁시다.

年　　月　　日　　　　　　　　　　　　　　　　　　　　　　　　　　※ 획수는 총획수를 나타냄

素					我				
흴 소	糸10획				나 아	戈 7획			
笑					顔				
웃음소	竹10획				얼굴안	頁18획			
樹					巖				
나무수	木16획				바위암	山23획			
愁					仰				
근심수	心13획				우러를앙	亻 6획			
修					也				
닦을수	亻10획				어조사야	乙 3획			
收					揚				
거둘수	攵 6획				떨칠양	扌12획			
宿					於				
잠잘숙	宀11획				어조사어	方 8획			
承					與				
이을승	手 8획				더불여	臼14획			
始					逆				
처음시	女 8획				거스릴역	辶10획			
式					亦				
법 식	弋 6획				또 역	亠 6획			
失					煙				
잃을실	大 5획				연기연	火13획			
深					誤				
깊을심	氵11획				그릇할오	言14획			

▶ 글씨는 정자로 바르게 씁시다.

年　　月　　日　　　　　　　　　　　　　　　　　　　　　　　　　※ 획수는 총획수를 나타냄

烏					印				
까마귀오 ···10획					도장인 卩6획				
要					引				
구할요 襾9획					끌인 弓4획				
勇					認				
날랠용 力9획					알인 言14획				
遇					昨				
만날우 辶13획					어제작 日9획				
圓					壯				
둥글원 囗13획					장할장 士7획				
危					材				
위태할위 卩6획					재목재 木7획				
遊					再				
놀유 辶13획					두재 冂6획				
由					哉				
말미암을유 田5획					어조사재 口9획				
遺					栽				
남길유 辶16획					심을재 木10획				
依					著				
의지할의 亻8획					나타날저 艹13획				
異					適				
다를이 田12획					맞을적 辶15획				
益					的				
더할익 皿10획					과녁적 白8획				

▶ 글씨는 정자로 바르게 씁시다.

年　　月　　日　　　　　　　　　　　　　　　　　　※ 획수는 총획수를 나타냄

典				淺			
책 전　八 8획				얕을천　氵11획			
淨				泉			
깨끗할정　氵11획				샘 천　水 9획			
貞				推			
곧을정　貝 9획				밀 추　扌11획			
諸				快			
모두제　言16획				쾌할쾌　忄 7획			
除				探			
덜 제　阝10획				찾을탐　扌11획			
造				泰			
지을조　辶11획				클 태　水10획			
尊				破			
높을존　寸12획				깨뜨릴파　石10획			
持				判			
가질지　扌 9획				판단할판　刂 7획			
集				抱			
모을집　隹12획				안을포　扌 8획			
且				匹			
또 차　一 5획				짝 필　匸 4획			
昌				何			
밝을창　日 8획				어찌하　亻 7획			
唱				河			
부를창　口11획				물 하　氵 8획			

▶ 글씨는 정자로 바르게 씁시다.

年　　月　　日　　　　　　　　　　　　　　　　　　　　　　　　　　※ 획수는 총획수를 나타냄

恨				好			
한할한 忄9획				좋을호 女6획			
鄕				患			
시골향 阝13획				근심환 心11획			
乎				效			
어조사호 丿5획				본받을효 攵10획			
呼				希			
부를호 口8획				바랄희 巾7획			

▶ 글씨는 정자로 바르게 씁시다.

■ 다음 한자의 훈음을 써봅시다. (7~10쪽을 참고 하시오.)

본보기 : 父 (아버지 부)

價(　　) 舊(　　) 論(　　) 凡(　　) 素(　　)
假(　　) 權(　　) 留(　　) 別(　　) 笑(　　)
街(　　) 根(　　) 律(　　) 兵(　　) 續(　　)
脚(　　) 起(　　) 莫(　　) 丙(　　) 樹(　　)
講(　　) 旣(　　) 晩(　　) 伏(　　) 授(　　)
皆(　　) 暖(　　) 忙(　　) 復(　　) 愁(　　)
乾(　　) 難(　　) 忘(　　) 奉(　　) 修(　　)
潔(　　) 努(　　) 妹(　　) 逢(　　) 受(　　)
缺(　　) 怒(　　) 暮(　　) 否(　　) 守(　　)
慶(　　) 達(　　) 妙(　　) 悲(　　) 收(　　)
耕(　　) 徒(　　) 務(　　) 散(　　) 宿(　　)
溪(　　) 動(　　) 茂(　　) 殺(　　) 純(　　)
庫(　　) 得(　　) 密(　　) 常(　　) 承(　　)
考(　　) 燈(　　) 防(　　) 相(　　) 始(　　)
坤(　　) 羅(　　) 訪(　　) 想(　　) 式(　　)
關(　　) 凉(　　) 拜(　　) 狀(　　) 失(　　)
究(　　) 麗(　　) 杯(　　) 序(　　) 深(　　)
區(　　) 連(　　) 伐(　　) 暑(　　) 我(　　)
久(　　) 烈(　　) 罰(　　) 稅(　　) 顔(　　)

본보기 : 父 (아버지 부)

巖( )	遊( )	適( )	此( )	暴( )
仰( )	由( )	的( )	昌( )	彼( )
哀( )	油( )	典( )	唱( )	匹( )
愛( )	遺( )	節( )	妻( )	何( )
也( )	依( )	絶( )	淺( )	河( )
約( )	異( )	井( )	泉( )	賀( )
揚( )	益( )	淨( )	聽( )	恨( )
於( )	印( )	貞( )	請( )	恒( )
與( )	引( )	情( )	招( )	解( )
逆( )	認( )	頂( )	推( )	害( )
亦( )	慈( )	諸( )	取( )	鄕( )
煙( )	姉( )	除( )	治( )	虛( )
研( )	昨( )	造( )	針( )	賢( )
榮( )	壯( )	存( )	快( )	乎( )
誤( )	在( )	尊( )	脫( )	呼( )
烏( )	材( )	衆( )	探( )	好( )
要( )	財( )	持( )	泰( )	貨( )
勇( )	再( )	指( )	退( )	患( )
遇( )	哉( )	集( )	破( )	效( )
圓( )	栽( )	且( )	判( )	興( )
危( )	著( )	借( )	抱( )	希( )

■ 다음의 훈음에 한자를 써봅시다. (7~10쪽을 참고 하시오..)

본보기 : 어머니 모 (母)

거리 **가**( )	구역 **구**( )	말할 **론**( )	무릇 **범**( )	흴 **소**( )
값 **가**( )	권세 **권**( )	머무를 **류**( )	다를 **별**( )	웃음 **소**( )
거짓 **가**( )	뿌리 **근**( )	법 **률**( )	남녘 **병**( )	이을 **속**( )
다리 **각**( )	일어날 **기**( )	없을 **막**( )	군사 **병**( )	받을 **수**( )
익힐 **강**( )	이미 **기**( )	늦을 **만**( )	엎드릴 **복**( )	줄 **수**( )
다 **개**( )	따뜻할 **난**( )	바쁠 **망**( )	돌아올 **복**( )	지킬 **수**( )
하늘 **건**( )	어려울 **난**( )	잊을 **망**( )	받들 **봉**( )	거둘 **수**( )
깨끗할 **결**( )	성낼 **노**( )	아래누이 **매**( )	만날 **봉**( )	근심 **수**( )
이지러질 **결**( )	힘쓸 **노**( )	저물 **모**( )	아닐 **부**( )	나무 **수**( )
밭갈 **경**( )	이를 **달**( )	묘할 **묘**( )	슬플 **비**( )	닦을 **수**( )
경사 **경**( )	무리 **도**( )	무성할 **무**( )	흩어질 **산**( )	잘 **숙**( )
시내 **계**( )	움직일 **동**( )	힘쓸 **무**( )	죽일 **살**( )	순수할 **순**( )
상고할 **고**( )	얻을 **득**( )	빽빽할 **밀**( )	항상 **상**( )	이을 **승**( )
곳집 **고**( )	등잔 **등**( )	막을 **방**( )	서로 **상**( )	비로소 **시**( )
땅 **곤**( )	벌일 **라**( )	찾을 **방**( )	생각할 **상**( )	법 **식**( )
빗장 **관**( )	서늘할 **량**( )	절 **배**( )	형상 **상**( )	잃을 **실**( )
궁구할 **구**( )	고울 **려**( )	잔 **배**( )	차례 **서**( )	깊을 **심**( )
오랠 **구**( )	이을 **련**( )	칠 **벌**( )	더울 **서**( )	나 **아**( )
예 **구**( )	매울 **렬**( )	벌줄 **벌**( )	세금 **세**( )	얼굴 **안**( )

바위 암( )	말미암을유( )	과녁 적( )	빌릴 차( )	사나울 폭( )
우러를앙( )	기름 유( )	맞을 적( )	창성할창( )	저 피( )
사랑 애( )	놀 유( )	법 전( )	부를 창( )	짝 필( )
슬플 애( )	남길 유( )	마디 절( )	아내 처( )	하례할하( )
어조사야( )	의지할의( )	빼어날절( )	샘 천( )	물 하( )
맺을 약( )	다를 이( )	이마 정( )	얕을 천( )	어찌 하( )
날릴 양( )	더할 익( )	우물 정( )	청할 청( )	한할 한( )
어조사어( )	끌 인( )	곧을 정( )	들을 청( )	항상 항( )
줄 여( )	인정할인( )	뜻 정( )	부를 초( )	해칠 해( )
또 역( )	도장 인( )	깨끗할정( )	밀 추( )	풀 해( )
거스를역( )	손윗누이자( )	덜 제( )	취할 취( )	시골 향( )
연기 연( )	사랑 자( )	모두 제( )	다스릴치( )	빌 허( )
갈 연( )	어제 작( )	지을 조( )	바늘 침( )	어질 현( )
영화 영( )	장할 장( )	있을 존( )	쾌할 쾌( )	어조사호( )
그릇될오( )	재목 재( )	높을 존( )	벗을 탈( )	부를 호( )
까마귀오( )	재물 재( )	무리 중( )	찾을 탐( )	좋을 호( )
구할 요( )	있을 재( )	손가락지( )	편안할태( )	재화 화( )
날랠 용( )	심을 재( )	가질 지( )	물러날퇴( )	근심 환( )
만날 우( )	다시 재( )	모일 집( )	깨뜨릴파( )	본받을효( )
둥글 원( )	어조사재( )	또 차( )	판단할판( )	일어날흥( )
위태할위( )	나타날저( )	이 차( )	안을 포( )	바랄 희( )

■ 다음 단어의 독음을 (   ) 안에 써봅시다.

본보기 : 父母 (부모) 아버지와 어머니

① 價格(가격) 값

② 街道(가도) 길거리

③ 脚本(각본) 연극이나 영화의 대본

④ 講義(강의) 글이나 학설의 뜻을 풀어 가르침

⑤ 檢印(검인) 서류나 물건을 검사한 표로 찍는 도장

⑥ 潔白(결백) 깨끗하고 흼

⑦ 慶事(경사) 기쁜 일

⑧ 溪谷(계곡) 골짜기

⑨ 國庫(국고) 나라의 금고 노릇을 하는 기관

⑩ 考案(고안) 무슨 안을 생각하여 냄

⑪ 高揚(고양) 높이 올림

⑫ 古典(고전) 옛날의 작품이나 문헌

⑬ 關與(관여) 관계하여 참여함

⑭ 舊面(구면) 전부터 안면이 있는 사람

⑮ 究明(구명) 깊이 연구하여 밝힘

⑯ 區別(구별) 서로 다른 것끼리 갈라놓음

⑰ 權勢(권세) 권력과 세력

⑱ 暖房(난방) 따뜻한 방

⑲ 難處(난처) 딱하다

⑳ 怒氣(노기) 성이 난 얼굴빛

㉑ 努力(노력) 무엇을 이루려고 애를 쓰고 힘을 들임

㉒ 多忙(다망) 매우 바쁨

㉓ 談笑(담소) 웃고 즐기며 하는 이야기

㉔ 達成(달성) 이룸

㉕ 待遇(대우) 어떤 사회적 관계나 태도로 남을 대함

㉖ 徒步(도보) 걸어 감

㉗ 訪問(방문) 찾아가서 봄

㉘ 伐草(벌초) 무덤의 풀을 깎음

㉙ 罰則(벌칙) 법규를 어긴 행위에 대한 처벌 규칙

㉚ 凡常(범상) 예사로움

㉛ 別故(별고) 특별한 사고

㉜ 病死(병사) 병으로 죽음

㉝ 病的(병적) 정상적이 아니게 지나침

㉞ 伏線(복선) 남모르게 준비해 두는 계책

㉟ 復習(복습) 배운 것을 다시 익힘

㊱ 奉仕(봉사) 이바지

㊲ 逢着(봉착) 만나서 부닥침

㊳ 復活(부활) 다시 생기거나 활기를 띰

㊴ 悲運(비운) 슬픈 운수

㊵ 常識(상식) 일반 사람이 다 아는 보통의 지식

㊶ 賞狀(상장) 상의 뜻으로 주는 글발

㊷ 相通(상통) 서로 통함

㊸ 序詩(　　　　) 책의 첫머리에 서문 대신 쓴 시

㊹ 歲暮(　　　　) 그 해가 저무는 때

㊺ 素數(　　　　) 약수(約數)를 갖지 아니하는 수(數)

㊻ 修養(　　　　) 몸과 마음을 닦아 인격을 높임

㊼ 授業(　　　　) 학예를 가르쳐 줌

㊽ 式順(　　　　) 의식의 순서

㊾ 失禮(　　　　) 예절에서 벗어남

㊿ 與件(　　　　) 주어진 조건

(51) 硏究(　　　　) 어떤 사물을 과학적으로 분석, 관찰하는 일

(52) 連勝(　　　　) 잇달아 이김

(53) 烈女(　　　　) 정조를 굳게 지킨 여자

(54) 溫泉(　　　　) 25℃ 이상의 지하수

(55) 要因(　　　　) 중요로운 원인

(56) 勇士(　　　　) 용감한 군사

(57) 危急(　　　　) 위태롭고 마음을 놓을 수 없이 급함

(58) 由來(　　　　) 무엇으로 말미암아 일어남

(59) 遺産(　　　　) 죽은 사람이 남긴 재산

(60) 律動(　　　　) 일정한 규칙을 따라 움직임

(61) 依存(　　　　) 의지하여 존재함

(62) 利益(　　　　) 물질적으로나 정신적으로 보탬이 되는 것

(63) 著者(　　　　) 지은이

(64) 適當(　　　　) 알맞음

(65) 傳承(　　　　) 이전 것을 이어받음

(66) 頂上(　　　　) 꼭대기

(67) 尊敬(　　　　) 받들어 공경함

(68) 借用(　　　　) 물건이나 돈을 빌려서 씀

(69) 招待(　　　　) 손님을 청하여 대접함

(70) 推進(　　　　) 앞으로 밀고 나아감

(71) 取材(　　　　) 작품이나 기사의 재료를 얻어옴

(72) 快活(　　　　) 씩씩하고 활발함

(73) 脫稅(　　　　) 세금의 일부나 전부를 포탈함

(74) 探究(　　　　) 진리나 학문 등을 깊이 연구함

(75) 退步(　　　　) 뒤로 물러섬

(76) 賀禮(　　　　) 축하의 예식

(77) 恒常(　　　　) 늘

(78) 害惡(　　　　) 해가 되는 악한 일

(79) 鄕愁(　　　　) 고향을 그리워하는 마음이나 시름

(80) 貨物(　　　　) 유형의 재화

(81) 效能(　　　　) 효험을 나타내는 능력

(82) 興味(　　　　) 흥을 느끼는 재미

(83) 誤算(　　　　) 그릇된 계산

(84) 容認(　　　　) 너그럽게 인정함

(85) 留念(　　　　) 마음에 둠

(86) 異端(　　　　) 자기가 따르는 이외의 도

(87) 認定(　　　　) 그렇다고 여김

(88) 姉妹(　　　　) 손위 누이와 손아래 누이

(89) 慈善(　　　　) 불쌍한 사람을 도와줌

(90) 壯元(　　　　) 과거에 첫째로 급제한 사람

■ 다음의 단어를 (　　　) 안에 한자로 써봅시다.

본보기 : 부모 (父母) 아버지와 어머니

① 가격(　　) 값

② 가도(　　) 길거리

③ 각본(　　) 연극이나 영화의 대본

④ 강의(　　) 글이나 학설의 뜻을 풀어 가르침

⑤ 검인(　　) 서류나 물건을 검사한 표로 찍는 도장

⑥ 결백(　　) 깨끗하고 흼

⑦ 경사(　　) 기쁜 일

⑧ 계곡(　　) 골짜기

⑨ 국고(　　) 나라의 금고 노릇을 하는 기관

⑩ 고안(　　) 무슨 안을 생각하여 냄

⑪ 고양(　　) 높이 올림

⑫ 고전(　　) 옛날의 작품이나 문헌

⑬ 관여(　　) 관계하여 참여함

⑭ 구면(　　) 전부터 안면이 있는 사람

⑮ 구명(　　) 깊이 연구하여 밝힘

⑯ 구별(　　) 서로 다른 것끼리 갈라놓음

⑰ 권세(　　) 권력과 세력

⑱ 난방(　　) 따뜻한 방

⑲ 난처(　　) 딱하다

⑳ 노기(　　) 성이 난 얼굴빛

㉑ 노력(　　) 무엇을 이루려고 애를 쓰고 힘을 들임

㉒ 다망(　　) 매우 바쁨

㉓ 담소(　　) 웃고 즐기며 하는 이야기

㉔ 달성(　　) 이룸

㉕ 대우(　　) 어떤 사회적 관계나 태도로 남을 대함

㉖ 도보(　　) 걸어 감

㉗ 방문(　　) 찾아가서 봄

㉘ 벌초(　　) 무덤의 풀을 깎음

㉙ 벌칙(　　) 법규를 어긴 행위에 대한 처벌 규칙

㉚ 범상(　　) 예사로움

㉛ 별고(　　) 특별한 사고

㉜ 병사(　　) 병으로 죽음

㉝ 병적(　　) 정상적이 아니게 지나침

㉞ 복선(　　) 남모르게 준비해 두는 계책

㉟ 복습(　　) 배운 것을 다시 익힘

㊱ 봉사(　　) 이바지

㊲ 봉착(　　) 만나서 부닥침

㊳ 부활(　　) 다시 생기거나 활기를 띰

㊴ 비운(　　) 슬픈 운수

㊵ 상식(　　) 일반 사람이 다 아는 보통의 지식

㊶ 상장(　　) 상의 뜻으로 주는 글발

㊷ 상통(　　) 서로 통함

㊸ 서시(　　　　　) 책의 첫머리에 서문 대신 쓴 시
㊹ 세모(　　　　　) 그 해가 저무는 때
㊺ 소수(　　　　　) 약수(約數)를 갖지 아니하는 수(數)
㊻ 수양(　　　　　) 몸과 마음을 닦아 인격을 높임
㊼ 수업(　　　　　) 학예를 가르쳐 줌
㊽ 식순(　　　　　) 의식의 순서
㊾ 실례(　　　　　) 예절에서 벗어남
㊿ 여건(　　　　　) 주어진 조건
(51) 연구(　　　　　) 어떤 사물을 과학적으로 분석, 관찰하는 일
(52) 연승(　　　　　) 잇달아 이김
(53) 열녀(　　　　　) 정조를 굳게 지킨 여자
(54) 온천(　　　　　) 25℃ 이상의 지하수
(55) 요인(　　　　　) 중요로운 원인
(56) 용사(　　　　　) 용감한 군사
(57) 위급(　　　　　) 위태롭고 마음을 놓을 수 없이 급함
(58) 유래(　　　　　) 무엇으로 말미암아 일어남
(59) 유산(　　　　　) 죽은 사람이 남긴 재산
(60) 율동(　　　　　) 일정한 규칙을 따라 움직임
(61) 의존(　　　　　) 의지하여 존재함
(62) 이익(　　　　　) 물질적으로나 정신적으로 보탬이 되는 것
(63) 저자(　　　　　) 지은이
(64) 적당(　　　　　) 알맞음
(65) 전승(　　　　　) 이전 것을 이어받음
(66) 정상(　　　　　) 꼭대기
(67) 존경(　　　　　) 받들어 공경함
(68) 차용(　　　　　) 물건이나 돈을 빌려서 씀
(69) 초대(　　　　　) 손님을 청하여 대접함
(70) 추진(　　　　　) 앞으로 밀고 나아감
(71) 취재(　　　　　) 작품이나 기사의 재료를 얻어옴
(72) 쾌활(　　　　　) 씩씩하고 활발함
(73) 탈세(　　　　　) 세금의 일부나 전부를 포탈함
(74) 탐구(　　　　　) 진리나 학문 등을 깊이 연구함
(75) 퇴보(　　　　　) 뒤로 물러섬
(76) 하례(　　　　　) 축하의 예식
(77) 항상(　　　　　) 늘
(78) 해악(　　　　　) 해가 되는 악한 일
(79) 향수(　　　　　) 고향을 그리워하는 마음이나 시름
(80) 화물(　　　　　) 유형의 재화
(81) 효능(　　　　　) 효험을 나타내는 능력
(82) 흥미(　　　　　) 흥을 느끼는 재미
(83) 오산(　　　　　) 그릇된 계산
(84) 용인(　　　　　) 너그럽게 인정함
(85) 유념(　　　　　) 마음에 둠
(86) 이단(　　　　　) 자기가 따르는 이외의 도
(87) 인정(　　　　　) 그렇다고 여김
(88) 자매(　　　　　) 손위 누이와 손아래 누이
(89) 자선(　　　　　) 불쌍한 사람을 도와줌
(90) 장원(　　　　　) 과거에 첫째로 급제한 사람

■ 다음의 고사성어(사자논술)의 독음을 (　　)안에 써봅시다.

① 結者解之(　　　　　　)
- 처음 시작한 사람이 그것을 해결해야 한다는 뜻

② 九重深處(　　　　　　)
- 아주 깊은 곳이라는 뜻으로 대궐을 비유하는 말

③ 大器晩成(　　　　　　)
- 큰 인물은 늦게 이루어짐

④ 同苦同樂(　　　　　　)
- 괴로움과 즐거움을 같이 함

⑤ 燈火可親(　　　　　　)
- 책읽기에 좋은 계절을 말함

⑥ 明若觀火(　　　　　　)
- 불을 보는 것과 같이 그 결과가 환함

⑦ 目不識丁(　　　　　　)
- 낫 놓고 기역자도 모른다

⑧ 百害無益(　　　　　　)
- 해만 있고 이익은 전혀 없음의 뜻

⑨ 身言書判(　　　　　　)
- 남자가 갖추어야 할 네 가지 조건

⑩ 我田引水(　　　　　　)
- 자기에게 유리하도록 해석하거나 행동함

⑪ 語不成說(　　　　　　)
- 말이 이치에 맞지 않아 말도 되지 않음

⑫ 烏合之卒(　　　　　　)
- 갑자기 모인 훈련 없는 군사를 뜻함

⑬ 溫故知新(　　　　　　)
- 옛 것을 익히고 그것으로 미루어 새로운 것을 아는 것

⑭ 樂山樂水(　　　　　　)
- 어진 사람은 산을 좋아하고, 지혜있는 사람은 물을 좋아함

⑮ 異口同聲(　　　　　　)
- 모든 사람의 말이나 의견이 일치됨

⑯ 電光石火(　　　　　　)
- 일이 매우 빠른 것을 가리키는 말

⑰ 絶世佳人(　　　　　　)
- 견줄 인물이 없을 만큼 아름다운 미인

⑱ 朝令暮改(　　　　　　)
- 아침에 내린 명령을 저녁에 다시 바꾸어 내린다는 말

⑲ 衆口難防(　　　　　　)
- 여러 사람의 입을 막기가 어렵다는 뜻

⑳ 指鹿爲馬(　　　　　　)
- 윗사람을 농락하여 권세를 마음대로 하는 것을 뜻함

㉑ 破顔大笑(　　　　　　)
- 얼굴 빛을 부드럽게 하여 크게 웃음

㉒ 風前燈火(　　　　　　)
- 위급한 일이 가까이 다가옴을 이르는 말

■ 다음 고사성어(사자논술)를 (   )안에 한자로 써봅시다.

① 결자해지 (　　　　　　)
  • 처음 시작한 사람이 그것을 해결해야 한다는 뜻

② 구중심처 (　　　　　　)
  • 아주 깊은 곳이라는 뜻으로 대궐을 비유하는 말

③ 대기만성 (　　　　　　)
  • 큰 인물은 늦게 이루어짐

④ 동고동락 (　　　　　　)
  • 괴로움과 즐거움을 같이 함

⑤ 등화가친 (　　　　　　)
  • 책읽기에 좋은 계절을 말함

⑥ 명약관화 (　　　　　　)
  • 불을 보는 것과 같이 그 결과가 환함

⑦ 목불식정 (　　　　　　)
  • 낫 놓고 기역자도 모른다

⑧ 백해무익 (　　　　　　)
  • 해만 있고 이익은 전혀 없음의 뜻

⑨ 신언서판 (　　　　　　)
  • 남자가 갖추어야 할 네 가지 조건

⑩ 아전인수 (　　　　　　)
  • 자기에게 유리하도록 해석하거나 행동함

⑪ 어불성설 (　　　　　　)
  • 말이 이치에 맞지 않아 말도 되지 않음

⑫ 오합지졸 (　　　　　　)
  • 갑자기 모인 훈련 없는 군사를 뜻함

⑬ 온고지신 (　　　　　　)
  • 옛 것을 익히고 그것으로 미루어 새로운 것을 아는 것

⑭ 요산요수 (　　　　　　)
  • 어진 사람은 산을 좋아하고, 지혜있는 사람은 물을 좋아함

⑮ 이구동성 (　　　　　　)
  • 모든 사람의 말이나 의견이 일치됨

⑯ 전광석화 (　　　　　　)
  • 일이 매우 빠른 것을 가리키는 말

⑰ 절세가인 (　　　　　　)
  • 견줄 인물이 없을 만큼 아름다운 미인

⑱ 조령모개 (　　　　　　)
  • 아침에 내린 명령을 저녁에 다시 바꾸어 내린다는 말

⑲ 중구난방 (　　　　　　)
  • 여러 사람의 입을 막기가 어렵다는 뜻

⑳ 지록위마 (　　　　　　)
  • 윗사람을 농락하여 권세를 마음대로 하는 것을 뜻함

㉑ 파안대소 (　　　　　　)
  • 얼굴빛을 부드럽게 하여 크게 웃음

㉒ 풍전등화 (　　　　　　)
  • 위급한 일이 가까이 다가옴을 이르는 말

준4급 기출문제 1회

대한민국한자자격검정시험   성명 (   )   점수   점

가. 다음 한자어의 독음을 쓰시오.

보기 : 孝道 (효도)

1) 絶頂(   )   11) 情狀(   )
2) 財貨(   )   12) 慈愛(   )
3) 復興(   )   13) 區別(   )
4) 講論(   )   14) 稅務(   )
5) 伏兵(   )   15) 退治(   )
6) 連續(   )   16) 慶賀(   )
7) 油井(   )   17) 虛榮(   )
8) 守舊(   )   18) 存在(   )
9) 賢妻(   )   19) 悲哀(   )
10) 過去(   )   20) 聽衆(   )

나. 다음 한자의 뜻이 상대되는 한자를 쓰시오.

보기 : 天 川 羊 陽

21) 山 ↔ (   )
22) 陰 ↔ (   )

다. 다음 한자의 뜻이 비슷한 한자를 쓰시오.

보기 : 悲 非 池 坤

23) 哀 ↔ (   )
24) 地 ↔ (   )

라. 다음의 한자의 부수와 총 획수를 쓰시오.

釒부10획 釒11획 彳부10획 彳11획

25) 針 :   부   획
26) 得 :   부   획

마. 다음 한자의 훈음을 쓰시오.

보기 : 孝 (효도 효)

27) 針 (   )   37) 此 (   )
28) 相 (   )   38) 暑 (   )
29) 指 (   )   39) 逢 (   )
30) 招 (   )   40) 井 (   )
31) 取 (   )   41) 兵 (   )
32) 得 (   )   42) 守 (   )
33) 乾 (   )   43) 在 (   )
34) 坤 (   )   44) 受 (   )
35) 約 (   )   45) 區 (   )
36) 節 (   )   46) 愛 (   )

바. 다음의 단어를 한자로 바꿔 쓰시오.

보기 : 1.節約 2.彼此 3.乾坤 4.研究 5.恒常

47) 건곤 : (   )
48) 항상 : (   )
49) 절약 : (   )
50) 연구 : (   )
51) 피차 : (   )

사. 다음 단어를 우리글로 쓰시오.

보기 : 탈세 세모 이익 수양

52) 修養 (   )
53) 歲暮 (   )
54) 脫稅 (   )
55) 利益 (   )

아. 다음 밑줄 친 한자의 독음을 쓰시오.

보기 : 초청.오월.저자.계곡.용기.
절약.항상.자애.노력.연구

56) 五月은 가정의 달이기도 하다.
　　（　　　）
57) 생일에 친구를 招請하였다.
　　　　　（　　　）
58) 勇氣있는 자만이 성공할 수 있다.
　（　　　）
59) 과학자들은 항상 研究에 충실하다.
　　　　　　（　　　）
60) 항상 節約하는 습관이 필요하다.
　　　（　　　）
61) 우리는 恒常 건강에 주의해야 한다.
　　　（　　　）
62) 서인은 모두 慈愛롭다.
　　　　（　　　）
63) 꾸준한 努力은 성공을 약속한다.
　　　（　　　）
64) 올 여름에는 溪谷으로 피서를 가야겠다. （　　　）
65) 著者와 대화를 할 수 있어서 참 좋았다. （　　　）

자. 다음 물음에 알맞은 답을 쓰시오.
66) 易자의 음과 훈을 두 가지 쓰시오.
　　①　　　　　　②
67) 다음 한자의 음과 훈을 쓰시오.
　　① 由（　　　）② 油（　　　）
68) 律의 부수로 맞는 것은?（　）
　　① 广　② 比　③ 匕　④ 彳

차. 다음의 뜻에 알맞은 한자성어를 쓰시오.
69) 大同小異（　　　）
　　: 크게 같고 조금 다름
70) 一石二鳥（　　　）
　　: 한가지 일로 두 가지 이득을 보다.

카. 다음 훈음에 맞는 한자를 쓰시오.

보기:論.哀.情.別.存.慶.切.借.禍.在.
賀.虛.悲.治.假.榮.賢.財.興.區.

71) 경사　경（　）81) 있을　재（　）
72) 하례할하（　）82) 있을　존（　）
73) 다스릴치（　）83) 영화　영（　）
74) 뜻　　정（　）84) 일어날흥（　）
75) 어질　현（　）85) 슬플　비（　）
76) 빌　　허（　）86) 슬플　애（　）
77) 끊을　절（　）87) 재화　화（　）
78) 분별　별（　）88) 재물　재（　）
79) 구역　구（　）89) 말할　론（　）
80) 빌릴　차（　）90) 거짓　가（　）

타. 다음 밑줄 친 단어를 한자로 고쳐 쓰시오.

보기: 漢字.稅金.秋夕.招待.意志.
學校.禮遇.貨物.稅務.視力

91) 우리 학교에는 꽃들이 많이 피어 있다.
　　　（　　　）
92) 가을에는 추석명절이 즐겁다.
　　　　　（　　　）
93) 의지할 곳 없는 노인들을 돌보고 있다.
　（　　　）
94) 예우에 벗어나지 않게 하려고 애썼다.
　（　　　）
95) 한자 공부는 재미있다.（　　　）
96) 친구 생일에 초대를 받아 다녀오겠습니다.　　　　　　（　　　）
97) 집 앞에 세무서가 있다.
　　　（　　　）
98) 세금을 내는 것은 국민의 의무이다.
　（　　　）
99) 시력이 나빠져서 안경을 쓰게 되었다.
　（　　　）
100) 화물을 택배로 보내주시기 바랍니다.
　（　　　）

준4급 기출문제 2회

대한민국한자자격검정시험   성명 (   )   점수   점

가. 다음 한자어의 독음을 쓰시오.

보기 : 孝道 (효도)

1) 萬福(   )   11) 頂上(   )
2) 親舊(   )   12) 武器(   )
3) 落書(   )   13) 禮式(   )
4) 呼名(   )   14) 昨年(   )
5) 奉仕(   )   15) 課外(   )
6) 原理(   )   16) 片破(   )
7) 規則(   )   17) 使節(   )
8) 式順(   )   18) 歷史(   )
9) 硏究(   )   19) 詩集(   )
10) 過去(   )   20) 節約(   )

나. 다음 한자의 뜻이 상대되는 한자를 쓰시오.

참고 : 上 ↔ (下) 中. 重. 陽. 名.

21) 輕 ↔ (   )
22) 陰 ↔ (   )

다. 다음 한자의 뜻이 비슷한 한자를 쓰시오.

참고 : 道 ↔ (路) 詩. 識. 非. 存

23) 在 ↔ (   )
24) 知 ↔ (   )

라. 다음의 한자의 부수와 총 획수를 쓰시오.

참고 : 孝 : (7획)

25) 去 :   부   획
26) 也 :   부   획

마. 다음 한자의 훈음을 쓰시오.

보기 : 孝 (효도 효)

27) 坤 (   )   37) 樹 (   )
28) 久 (   )   38) 虛 (   )
29) 稅 (   )   39) 別 (   )
30) 根 (   )   40) 貞 (   )
31) 授 (   )   41) 遇 (   )
32) 揚 (   )   42) 印 (   )
33) 動 (   )   43) 深 (   )
34) 在 (   )   44) 慈 (   )
35) 始 (   )   45) 圓 (   )
36) 受 (   )   46) 此 (   )

바. 다음의 단어의 한자를 참고에서 찾아 그 번호를 쓰시오.

참고: 1.貨物. 2.失禮. 3.權勢. 4.尊敬. 5.溫泉

47) 존경 : 받들어 공경함   (   )
48) 권세 : 권력과 세력   (   )
49) 화물 : 유형의 재화   (   )
50) 온천 : 25℃ 이상의 지하수 (   )
51) 실례 : 예절에서 벗어남   (   )

사. 다음 한자어의 뜻을 쓰시오.

참고: 孝道 (부모를 잘 섬기는 도리)
1.몸과 마음을 닦아 인격을 높임.
2.세밑.한해가 저물때
3.세금을 내지않음. 4.물질이나 정신에 보탬이됨

52) 利益(   )
53) 歲暮 (   )
54) 修養 (   )
55) 脫稅 (   )

아. 다음 밑줄친 한자의 독음을 쓰시오.

> 보기 : 부모님께 <u>孝道</u>를 하자.
> (효도)

56) 봄이 오면 <u>山川</u>에 활기가 넘친다.
( )

57) 올 여름에는 <u>溪谷</u>으로 피서를 가야겠다. ( )

58) <u>勇氣</u>있는 자만이 성공할 수 있다.
( )

59) 생필품 <u>價格</u>이 많이 인상된 것 같다.
( )

60) 전자메일에 밀려 <u>葉書</u>는 사라진 것 같다. ( )

61) <u>妻家</u>에 가본지 무척 오래된 것 같다.
( )

62) <u>何必</u>이면 그것을 선택하였는가?
( )

63) <u>齒牙</u>를 교정하기 위해 병원에 갔다.
( )

64) 요즈음 <u>顔色</u>이 너무 좋지 않구나!
( )

65) <u>五月</u>은 우리들 세상
( )

자. 다음 물음에 알맞은 답을 쓰시오.

66) 麗의 부수로 맞는 것은? ( )
① 广   ② 比   ③ 匕   ④ 鹿

67) 다음 한자의 음과 훈을 쓰시오.
① 由 ( ) ② 油 ( )

68) 易자의 음과 훈을 두 가지 쓰시오.
①   ②

차. 다음의 한자성어를 한글로 쓰시오.

69) 크게 같고 조금 다름
大同小異 ( )

70) 큰 인물은 늦게 이루어 짐
大器晩成 ( )

카. 다음 훈음에 맞는 한자를 쓰시오.

> 보기 : 효도 효 (孝)

71) 매울 렬( )   81) 곳집 고( )
72) 무리 도( )   82) 거짓 가( )
73) 잊을 망( )   83) 상고할 고( )
74) 말할 론( )   84) 성낼 노( )
75) 일어날 기( ) 85) 머무를 류( )
76) 서늘할 량( ) 86) 다리 각( )
77) 빽빽할 밀( ) 87) 없을 막( )
78) 깨끗할 결( ) 88) 힘쓸 노( )
79) 구역 구( )   89) 거리 가( )
80) 늦을 만( )   90) 다 개( )

타. 다음 밑줄친 단어를 한자로 고쳐 쓰시오.

> 참고 : 부모님께 <u>효도</u>를 하자.(孝道)
> 稅金. 依支. 適正. 禮遇. 遊園地. 招待. 缺番.
> 快活. 視力. 貨物 . 漢字 . 學校

91) <u>학교</u>에는 꽃들이 많이 피어 있다.
( )

92) <u>세금</u>을 내는 것은 국민의 의무이다.
( )

93) <u>의지</u>할 곳 없는 노인들을 돌보고 있다.
( )

94) <u>예우</u>에 벗어나지 않게 하려고 애썼다.
( )

95) <u>유원지</u>에서는 특히 오물을 버리지 말자.
( )

96) 친구 생일에 <u>초대</u>를 받아 다녀오겠습니다.
( )

97) 선생님! 3번은 <u>결번</u>입니다.( )

98) 그는 장애인이지만 무척 <u>쾌활</u>하다.
( )

99) <u>시력</u>이 나빠져서 안경을 쓰게 되었다.
( )

100) <u>한자</u>공부는 재미있다. ( )

준4급 기출문제 3회

대한민국한자자격검정시험   성명 (   )   점수   점

가. 다음 한자어의 독음을 쓰시오.

보기 : 孝道 (효도)

1) 講師(　　) 11) 害惡(　　)
2) 精神(　　) 12) 雄壯(　　)
3) 除外(　　) 13) 脫衣(　　)
4) 殺伐(　　) 14) 深夜(　　)
5) 故鄕(　　) 15) 探究(　　)
6) 友情(　　) 16) 請約(　　)
7) 修養(　　) 17) 賀禮(　　)
8) 散步(　　) 18) 取得(　　)
9) 連續(　　) 19) 受話(　　)
10) 賢明(　　) 20) 羅列(　　)

나. 다음 한자의 뜻이 상대되는 한자를 쓰시오.

보기 : 上 ↔ (下)

21) 罰 ↔ (　　)
22) 文 ↔ (　　)

다. 다음 한자의 뜻이 비슷한 한자를 쓰시오.

보기 : 道 ↔ (路)

23) 哀 ↔ (　　)
24) 又 ↔ (　　)

라. 다음의 한자의 부수와 총 획수를 쓰시오.

보기 : 孝 : (子부, 7획)

25) 慶 :　　부,　　획
26) 旣 :　　부,　　획

마. 다음 한자의 훈음을 쓰시오.

보기 : 孝 (효도 효)

27) 決 (　　) 37) 共 (　　)
28) 經 (　　) 38) 個 (　　)
29) 過 (　　) 39) 件 (　　)
30) 客 (　　) 40) 敬 (　　)
31) 檢 (　　) 41) 固 (　　)
32) 景 (　　) 42) 治 (　　)
33) 功 (　　) 43) 擧 (　　)
34) 訪 (　　) 44) 結 (　　)
35) 建 (　　) 45) 競 (　　)
36) 輕 (　　) 46) 渴 (　　)

바. 다음의 단어를 한자로 바꿔 쓰시오.

보기: 효도 : 부모를 잘 섬기는 도리(孝道)

47) 역시 : 미리 생각했던 대로 (　　)
48) 항상 : 늘 (　　)
49) 이익 : 장사 따위로 남은 돈 (　　)
50) 절묘 : 더 없이 교묘함 (　　)
51) 추진 : 앞으로 밀고 나감 (　　)

사. 다음 한자어의 뜻을 쓰시오.

보기 : 孝道 (부모를 잘 섬기는 도리)

52) 要因 (　　)
53) 興味 (　　)
54) 防音 (　　)
55) 由來 (　　)

아. 다음 밑줄친 한자의 독음을 쓰시오.

보기 : 부모님께 <u>孝道</u>를 하자.
(효도)

56) <u>着實</u>하게 일을 하더니 결국 성공했다.
( )

57) 건전한 <u>精神</u>은 건강한 육체에서 비롯된다.( )

58) <u>野遊會</u>에 가서 장기자랑을 하며 놀았다.
( )

59) 이번 일에는 너의 <u>功勞</u>가 크다.
( )

60) 나는 많은 사람들의 <u>祝福</u> 속에 결혼했다.
( )

61) 아시안 게임에서 <u>宿敵</u> 일본을 격파했다.
( )

62) 우리 아파트는 <u>再開發</u> 구역이다.
( )

63) <u>難聽</u>지역이라 TV를 볼 수가 없다.
( )

64) 금강산을 여행하려고 <u>申請書</u>를 제출했다.
( )

65) 날이 저물자 <u>街路燈</u>이 하나 둘씩 ….
( )

자. 다음 물음에 알맞은 답을 쓰시오.

66) 省의 음과 훈을 두 가지 쓰시오.
① ②

67) 다음 한자의 음과 훈을 쓰시오.
① 列 ( ) ② 烈 ( )

68) 著의 부수로 맞는 것은? ( )
① 日 ② 白 ③ 耂 ④ ++

차. 다음의 뜻에 알맞은 한자성어를 쓰시오.

69) 갑자기 모인 훈련 없는 군사를 뜻함
( )

70) 말이 이치에 맞지 않아 말도 되지 않음
(語不成說)( )

카. 다음 훈음에 맞는 한자를 쓰시오.

보기 : 효도 효 (孝)

71) 있을 재( ) 81) 스승 사( )
72) 클 태( ) 82) 더울 서( )
73) 볼 감( ) 83) 경사 경( )
74) 지을 제( ) 84) 재주 예( )
75) 시험 시( ) 85) 성인 성( )
76) 옛 구( ) 86) 귀할 귀( )
77) 허락할허( ) 87) 장수 장( )
78) 목욕할욕( ) 88) 말할 론( )
79) 살필 찰( ) 89) 어질 현( )
80) 아닐 부( ) 90) 헤아릴료( )

타. 다음 밑줄친 단어를 한자로 고쳐 쓰시오.

보기 : 부모님께 <u>효도</u>를 하자.
(孝道)

91) 나에게 큰 <u>행운</u>을 안겨주었다.
( )

92) 도지부에서 <u>본부</u>로 서류를 보냈다.
( )

93) 친구가 좋아하는 <u>이유</u>를 나는 모르겠다.
( )

94) 지금으로선 <u>승패</u>를 짐작하기 어렵다.
( )

95) 여러 사람이 <u>축전</u>을 보내어 격려해주셨다.
( )

96) 이번 대회에서 실력을 <u>인정</u>받아 기쁘다.
( )

97) 그 사람은 <u>인덕</u>이 참 많은 것 같다.
( )

98) <u>정거장</u>에서 버스를 기다리다 그를 만났다.
( )

99) 부동산 <u>매매</u>가 안 돼 불황을 실감나게 한다.
( )

100) <u>낙도</u> 어린이를 초청하여 구경시켰다.
( )

준4급 기출문제 4회

대한민국한자자격검정시험   성명 (   )   점수   점

가. 다음 한자어의 독음을 쓰시오.

보기 : 孝道 (효도)

1) 男子(   )   11) 四月(   )
2) 自國(   )   12) 雄壯(   )
3) 除外(   )   13) 脫衣(   )
4) 呼名(   )   14) 深夜(   )
5) 生活(   )   15) 漢文(   )
6) 友情(   )   16) 請約(   )
7) 修養(   )   17) 賀禮(   )
8) 規則(   )   18) 取得(   )
9) 連續(   )   19) 受話(   )
10) 古今(   )   20) 上下(   )

나. 다음 한자의 뜻이 상대되는 한자를 쓰시오.

보기 : 上 ↔ (下)

21) 輕 ↔ (   )
22) 生 ↔ (   )

다. 다음 한자의 뜻이 비슷한 한자를 쓰시오.

보기 : 道 ↔ (路)

23) 典 ↔ (   )
24) 屋 ↔ (   )

라. 다음의 한자의 총 획수를 쓰시오.

보기 : 孝 : (7획)

25) 水 :   획
26) 天 :   획

마. 다음 한자의 훈음을 쓰시오.

보기 : 孝 (효도 효)

27) 天 (   )   37) 坤 (   )
28) 經 (   )   38) 個 (   )
29) 過 (   )   39) 件 (   )
30) 方 (   )   40) 同 (   )
31) 始 (   )   41) 固 (   )
32) 景 (   )   42) 治 (   )
33) 功 (   )   43) 受 (   )
34) 在 (   )   44) 結 (   )
35) 心 (   )   45) 正 (   )
36) 此 (   )   46) 貞 (   )

바. 다음의 단어를 한자로 바꿔 쓰시오.

보기 : 효도: 부모를 잘 섬기는 도리(孝道)

47) 화물 : 물건   (   )
48) 항상 : 늘   (   )
49) 이익 : 장사 따위로 남은 돈 (   )
50) 탁상 : 책상 위   (   )
51) 추진 : 앞으로 밀고 나감 (   )

사. 다음 한자어의 뜻을 쓰시오.

보기 : 孝道 (부모를 잘 섬기는 도리)

52) 利益 (   )
53) 興味 (   )
54) 修養 (   )
55) 第一 (   )

아. 다음 밑줄친 한자의 독음을 쓰시오.

> 보기 : 부모님께 <u>孝道</u>를 하자.
> (효도)

56) 개인의 의견은 <u>私見</u>이라 한다.
( )

57) 건전한 <u>精神</u>은 건강한 육체에서 비롯된다.( )

58) <u>勇氣</u>있는 자만이 성공할 수 있다.
( )

59) 이번 일에는 너의 <u>功勞</u>가 크다.
( )

60) 아침에 <u>洗手</u>를 하면 상쾌하다.
( )

61) 병원에서 <u>齒牙</u>를 교정했다.
( )

62) 우리 아파트는 <u>再開發</u> 구역이다.
( )

63) <u>著者</u>와 직접 만나 대화를 나누었다.
( )

64) 금강산을 여행하려고 <u>申請書</u>를 제출했다.
( )

65) 우리는 <u>恒常</u> 노력한다.
( )

자. 다음 물음에 알맞은 답을 쓰시오.

66) "車"의 음과 훈을 두 가지 쓰시오.
① ②

67) 다음 한자의 음과 훈을 쓰시오.
① 力 ( ) ② 加 ( )

68) 다음 한자의 음과 훈을 쓰시오.
① 勸 ( ) ② 權 ( )

차. 다음의 한자성어를 한글로 쓰시오.

69) 사흘 춥고 나흘 따뜻함
三寒四溫 ( )

70) 시작과 끝이 변함없이 꼭 같음
始終如一 ( )

카. 다음 훈음에 맞는 한자를 쓰시오.

> 보기 : 효도 효 (孝)

71) 일어날기( ) 81) 아우 제( )
72) 클   태( ) 82) 더울 서( )
73) 볼   감( ) 83) 상고할고( )
74) 잊을 망( ) 84) 재주 예( )
75) 시험 시( ) 85) 아닐 부( )
76) 옛   구( ) 86) 귀할 귀( )
77) 구역 구( ) 87) 장수 장( )
78) 매울 렬( ) 88) 말할 론( )
79) 살필 찰( ) 89) 어질 현( )
80) 스승 사( ) 90) 다   개( )

타. 다음 밑줄친 단어를 한자로 고쳐 쓰시오.

> 보기 : 부모님께 <u>효도</u>를 하자.
> (孝道)

91) 우리는 <u>자유</u>를 희망한다.
( )

92) <u>민생</u> 경제가 중요하다.
( )

93) <u>오월</u>은 어린이날이 있다.
( )

94) <u>세금</u>을 내는 것은 국민의 의무다.
( )

95) 소나무 뿌리를 <u>송근</u>이라 한다.
( )

96) 친구를 내 생일에 <u>초대</u>했다.
( )

97) 그 사람은 <u>인덕</u>이 참 많은 것 같다.
( )

98) <u>정거장</u>에서 버스를 기다리다 그를 만났다.
( )

99) <u>시력</u>이 나빠지면 안과에 가야 한다.
( )

100) 나는 한자공부 <u>시간</u>이 즐겁다.
( )

준4급 기출문제 5회

대한민국한자자격검정시험   성명 (   )   점수   점

가. 다음 한자어의 독음을 쓰시오.

본보기 : 孝道 (효도)

1) 復興(   )   11) 情狀(   )
2) 伏兵(   )   12) 守舊(   )
3) 講論(   )   13) 區別(   )
4) 絶頂(   )   14) 稅務(   )
5) 財貨(   )   15) 虛榮(   )
6) 連續(   )   16) 存在(   )
7) 油井(   )   17) 聽衆(   )
8) 慈愛(   )   18) 悲哀(   )
9) 過去(   )   19) 慶賀(   )
10) 賢妻(   )   20) 退治(   )

나. 다음 한자의 뜻이 상대되는 한자를 쓰시오.

天　川　羊　陽

21)　山　↔　(   )
22)　陰　↔　(   )

다. 다음 한자의 뜻이 비슷한 한자를 쓰시오.

悲　非　池　坤

23)　地　↔　(   )
24)　哀　↔　(   )

라. 다음의 한자의 부수와 총 획수를 쓰시오.

金부10획　金11획　亻부6획　亻부7획

25)　針 :　　부　　　획
26)　休 :　　부　　　획

마. 다음 한자의 훈음을 쓰시오.

본보기 : 孝 (효도 효)

27) 指 (   )   37) 節 (   )
28) 相 (   )   38) 逢 (   )
29) 針 (   )   39) 井 (   )
30) 乾 (   )   40) 暑 (   )
31) 取 (   )   41) 兵 (   )
32) 得 (   )   42) 守 (   )
33) 招 (   )   43) 區 (   )
34) 坤 (   )   44) 愛 (   )
35) 約 (   )   45) 受 (   )
36) 此 (   )   46) 在 (   )

바. 다음의 단어를 한자로 바꿔 쓰시오.

1. 節約　2. 彼此　3. 乾坤　4. 硏究　5. 恒常

47) 연구 : (   )
48) 항상 : (   )
49) 건곤 : (   )
50) 절약 : (   )
51) 피차 : (   )

사. 다음 단어를 우리글로 쓰시오.

탈세　세모　이익　수양

52) 脫稅 (   )
53) 歲暮 (   )
54) 修養 (   )
55) 利益 (   )

아. 다음 밑줄 친 한자의 독음을 쓰시오.

보기 : 초청.오월.저자.계곡.용기.
절약.항상.자애.노력.연구.

56) <u>五月</u>은 가정의 달이기도 하다.
( )

57) 생일에 친구를 <u>招請</u>하였다.
( )

58) <u>勇氣</u>있는 자만이 성공할 수 있다.
( )

59) 과학자들은 항상 <u>研究</u>에 충실하다.
( )

60) 꾸준한 <u>努力</u>은 성공을 약속한다.
( )

61) 우리는 <u>恒常</u> 건강에 주의해야 한다.
( )

62) 서인은 모두 <u>慈愛</u>롭다.
( )

63) <u>節約</u>하는 습관이 필요하다.
( )

64) <u>著者</u>와 대화를 할 수 있어서 참 좋았다.
( )

65) 올 여름에는 <u>溪谷</u>으로 피서를 가야겠다.
( )

자. 다음 물음에 알맞은 답을 쓰시오.

66) 易자의 음과 훈을 두 가지 쓰시오.
① ②

67) 다음 한자의 음과 훈을 쓰시오.
① 有 ( ) ② 油 ( )

68) 律의 부수로 맞는 것은? ( )
① 广 ② 比 ③ 匕 ④ 彳

차. 다음의 뜻에 알맞은 한자성어를 쓰시오.

69) 일석이조 ( )
 : 한가지 일로 두 가지 이득을 보다.

70) 대동소이 ( )
 : 크게 같고 조금 다름

카. 다음 훈음에 맞는 한자를 쓰시오.

보기: 論.哀.情.別.存.慶.切.借.禍.
在.賀.虛.悲.治.假.榮.賢.財.興.區

71) 경사 경( ) 81) 있을 재( )
72) 뜻   정( ) 82) 영화 영( )
73) 다스릴치( ) 83) 있을 존( )
74) 어질 현( ) 84) 슬플 비( )
75) 하례할하( ) 85) 일어날흥( )
76) 구역 구( ) 86) 슬플 애( )
77) 끊을 절( ) 87) 재화 화( )
78) 분별 별( ) 88) 거짓 가( )
79) 빌릴 차( ) 89) 말할 론( )
80) 빌   허( ) 90) 재물 재( )

타. 다음 밑줄 친 단어를 한자로 고쳐 쓰시오.

漢字 . 稅金 . 秋夕 . 招待 . 意志 .
學校 . 禮遇 . 貨物 . 稅務 . 視力

91) 우리 <u>학교</u>에는 꽃들이 많이 피어 있다.
( )

92) <u>의지</u>할 곳 없는 노인들을 돌보고 있다.
( )

93) <u>예우</u>에 벗어나지 않게 하려고 애썼다.
( )

94) 가을에는 <u>추석</u> 명절이 즐겁다.( )

95) 친구 생일에 <u>초대</u>를 받아 다녀오겠습니다.
( )

96) <u>한자</u>공부는 재미있다. ( )

97) 집 앞에 <u>세무</u>서가 있다.
( )

98) <u>화물</u>을 택배로 보내주시기 바랍니다.
( )

99) <u>시력</u>이 나빠져서 안경을 쓰게 되었다.
( )

100) <u>세금</u>을 내는 것은 국민의 의무이다.
( )

준4급 예상문제 1회

대한민국한자자격검정시험 성명 (   ) 점수   점

가. 다음 한자어의 독음을 쓰시오.

본보기 : 孝道 (효도)

1) 獨唱 (   ) 2) 順序 (   )
3) 講論 (   ) 4) 利益 (   )
5) 兩端 (   ) 6) 慶祝 (   )
7) 習得 (   ) 8) 發達 (   )
9) 連破 (   ) 10) 街路燈 (   )
11) 壯觀 (   ) 12) 晩秋 (   )
13) 純潔 (   ) 14) 公開 (   )
15) 節約 (   ) 16) 慈愛 (   )
17) 尊敬 (   ) 18) 賞狀 (   )
19) 景氣 (   ) 20) 效能 (   )

나. 다음 한자의 뜻이 상대되는 한자를 쓰시오.

본보기 : 上 ↔ (下)

21) 始 ↔ (   )
22) 集 ↔ (   )

다. 다음 한자의 뜻이 비슷한 한자를 쓰시오.

본보기 : 道 ↔ (路)

23) 兵 ↔ (   )
24) 法 ↔ (   )

라. 다음의 한자의 부수와 총 획수를 쓰시오.

본보기 : 孝 : (子부, 7획)

25) 務 :   부,   획
26) 危 :   부,   획

마. 다음 한자의 훈음을 쓰시오.

본보기 : 孝 (효도 효)

27) 舊 (   ) 28) 煙 (   )
29) 絕 (   ) 30) 解 (   )
31) 賢 (   ) 32) 適 (   )
33) 伐 (   ) 34) 著 (   )
35) 難 (   ) 36) 揚 (   )
37) 借 (   ) 38) 拜 (   )
39) 賀 (   ) 40) 聽 (   )
41) 除 (   ) 42) 要 (   )
43) 昨 (   ) 44) 留 (   )
45) 顔 (   ) 46) 誤 (   )

바. 다음의 단어를 한자로 바꿔 쓰시오.

본보기 : 효도:부모를 잘 섬기는 도리 (**孝道**)

47) 가부 : 옳고 그름의 여부 (   )
48) 고소 : 쓴웃음 (   )
49) 상통 : 서로 통함 (   )
50) 난방 : 따뜻한 방 (   )
51) 남매 : 오빠와 누이 (   )

사. 다음 한자어의 뜻을 쓰시오.

본보기 : 孝道 (부모를 잘 섬기는 도리)

52) 溪谷 (   )
53) 授業 (   )
54) 復活 (   )
55) 興味 (   )

아. 다음 밑줄친 한자의 독음을 쓰시오.

> 본보기 : 부모님께 <u>孝道</u>를 하자.
> (효도)

56) 서로 타협하여 <u>圓滿</u>히 해결하자.
( )

57) <u>權勢</u>가 있다고 함부로 누리지 말라.
( )

58) 오늘은 <u>研究</u> 수업을 하는 날이다.
( )

59) 후손에 물려줄 <u>榮光</u>된 조국을 건설하자.
( )

60) 한자교육은 꼭 필요하다는 <u>信念</u>이 있다.
( )

61) 천재는 1%의 영감과 99%의 <u>努力</u>이다.
( )

62) 여행을 떠날 때에는 꼭 <u>地圖</u>를 준비하자.
( )

63) 빌딩 앞의 <u>造形物</u>이 퍽 인상적이었다.
( )

64) 아침 <u>運動</u>을 위해 새벽에 일어난다.
( )

65) 이번 방학 때 <u>祖國</u>의 산하를 횡단하겠다.
( )

자. 다음 물음에 알맞은 답을 쓰시오.

66) 한자어의 뜻이 다르게 쓰인 것은? ( )
  ① 恩師 ② 師表 ③ 軍師 ④ 師恩

67) 한자어의 음이 다르게 쓰인 것은? ( )
  ① 暴君 ② 暴惡 ③ 暴言 ④ 暴暑

68) 鄕의 부수로 맞는 것은? ( )
  ① 阝 ② 白 ③ 七 ④ 幺

차. 다음의 뜻에 알맞은 한자성어를 쓰시오.

69) 사물의 이치를 깨달아 앎
( )

70) 맺은 사람이 그것을 푼다는 뜻으로 처음 시작한 사람이 그것을 해결해야 한다는 뜻
( )

카. 다음 훈음에 맞는 한자를 쓰시오.

> 본보기 : 효도 효 (孝)

71) 달랠 세 ( ) 72) 지날 과 ( )
73) 참 진 ( ) 74) 지낼 경 ( )
75) 가릴 선 ( ) 76) 푸를 록 ( )
77) 바랄 망 ( ) 78) 고을 군 ( )
79) 다할 극 ( ) 80) 넓을 광 ( )
81) 갖출 비 ( ) 82) 맡을 책 ( )
83) 고칠 개 ( ) 84) 셈 수 ( )
85) 글 장 ( ) 86) 재 성 ( )
87) 곳 처 ( ) 88) 함께 공 ( )
89) 볕 양 ( ) 90) 기를 양 ( )

타. 다음 밑줄친 단어를 한자로 고쳐 쓰시오.

> 본보기 : 부모님께 <u>효도</u>를 하자.
> (孝道)

91) 이 약수는 오염이 안 된 것으로 <u>판명</u>되었다.
( )

92) 퇴임 후에도 <u>지속</u>적으로 활동하였다.
( )

93) 다른 사람 앞에서 <u>밀담</u>은 삼가야 한다.
( )

94) 손아래 누이의 남편을 <u>매제</u>라고 부른다.
( )

95) 우리 고모는 <u>요식업</u>에 종사하신다.
( )

96) 이학기 <u>수강</u> 신청을 모레까지 해야 한다.
( )

97) 온 국민이 선수단을 <u>열렬</u>히 환영했다.
( )

98) 도장을 찍기 위해 <u>인주</u>를 한참 찾았다.
( )

99) <u>가면</u>을 벗어 던지고 진실해져야 한다.
( )

100) 그는 <u>차고</u>에서 아들과 차를 고쳤다.
( )

준4급 예상문제 2회

대한민국한자자격검정시험　　성명（　　　）　　점수　　점

가. 다음 한자어의 독음을 쓰시오.

본보기 : 孝道（효도）

1) 貨物（　　）　2) 著作權（　　）
3) 乾坤（　　）　4) 溪谷（　　）
5) 稅金（　　）　6) 永久齒牙（　　）
7) 缺番（　　）　8) 何如間（　　）
9) 快活（　　）　10) 政治（　　）
11) 招待（　　）　12) 針葉樹（　　）
13) 適正（　　）　14) 價格（　　）
15) 禮遇（　　）　16) 勇氣（　　）
17) 依支（　　）　18) 顔色（　　）
19) 遊園地（　　）　20) 妻福（　　）

나. 다음 한자의 뜻이 상대되는 한자를 쓰시오.

본보기 : 上 ↔ （下）

21) 虛 ↔ （　　）
22) 進 ↔ （　　）

다. 다음 한자의 뜻이 비슷한 한자를 쓰시오.

본보기 : 道 ↔ （路）

23) 暖 ↔ （　　）
24) 聽 ↔ （　　）

라. 다음의 한자의 부수와 총 획수를 쓰시오.

본보기 : 孝 : （子부, 7획）

25) 與 :　　부,　　획
26) 關 :　　부,　　획

마. 다음 한자의 훈음을 쓰시오.

본보기 : 孝（효도 효）

27) 包（　　）　28) 達（　　）
29) 借（　　）　30) 遺（　　）
31) 淺（　　）　32) 榮（　　）
33) 恒（　　）　34) 務（　　）
35) 節（　　）　36) 耕（　　）
37) 始（　　）　38) 再（　　）
39) 律（　　）　40) 收（　　）
41) 根（　　）　42) 杯（　　）
43) 暮（　　）　44) 丙（　　）
45) 巖（　　）　46) 凡（　　）

바. 다음의 단어를 한자로 바꿔 쓰시오.

본보기 : 효도:부모를 잘 섬기는 도리(**孝道**)

47) 요인 : 중요로운 원인（　　）
48) 하례 : 축하의 예식（　　）
49) 해악 : 해가 되는 악한 일（　　）
50) 방문 : 찾아가서 봄（　　）
51) 소수 : 약수를 갖지 아니하는 수
（　　）

사. 다음 한자어의 뜻을 쓰시오.

본보기 : 孝道（부모를 잘 섬기는 도리）

52) 悲運（　　）
53) 興味（　　）
54) 防音（　　）
55) 由來（　　）

아. 다음 밑줄친 한자의 독음을 쓰시오.

> 본보기 : 부모님께 孝道를 하자.
> (효도)

56) 새로 오신 講師님을 소개해 드리겠습니다.
(   )
57) 지각한 학생은 除外 시키겠습니다.
(   )
58) 오랜만에 故鄕에 돌아오니 너무 좋다.
(   )
59) 매일 서예를 배우며 修養을 하고 있다.
(   )
60) 이 대회에서 삼년 連續으로 대상을 탔다.
(   )
61) 우리의 美風良俗을 잘 계승하자.
(   )
62) 수영하려면 脫衣室에서 옷을 갈아입어라.
(   )
63) 항상 探究하는 자세로 임해야 한다.
(   )
64) 이 가을에 詩集 한 권쯤은 읽어야겠다.
(   )
65) 受話器에서 흘러나온 음성이 고왔다.
(   )

자. 다음 물음에 알맞은 답을 쓰시오.
66) 狀의 음과 훈을 두 가지 쓰시오.
① ②
67) 다음 한자의 음과 훈을 쓰시오.
① 忘 (   ) ② 忙 (   )
68) 栽의 부수로 맞는 것은? (   )
① 木 ② 戈 ③ 土 ④ 栽

차. 다음의 뜻에 알맞은 한자성어를 쓰시오.
69) 가히 등불을 가까이 할 만함의 뜻으로 책읽기에 좋은 계절을 말함
(   )
70) 자식이 부모를 그리는 정을 뜻함
(   )

카. 다음 훈음에 맞는 한자를 쓰시오.

> 본보기 : 효도 효 (孝)

71) 들   야 (   ) 72) 어두울 암 (   )
73) 돼지 해 (   ) 74) 오히려 상 (   )
75) 물결 파 (   ) 76) 하여금 사 (   )
77) 다를 타 (   ) 78) 푸를 록 (   )
79) 가장 최 (   ) 80) 옷깃 령 (   )
81) 마칠 종 (   ) 82) 굳셀 건 (   )
83) 제사 제 (   ) 84) 덜   감 (   )
85) 싸울 전 (   ) 86) 부처 불 (   )
87) 옳을 의 (   ) 88) 도울 도 (   )
89) 베풀 시 (   ) 90) 쌓을 저 (   )

타. 다음 밑줄친 단어를 한자로 고쳐 쓰시오.

> 본보기 : 부모님께 효도를 하자.
> (孝道)

91) 모든 고난을 정신력으로 이겨내었다.
(   )
92) 왠지 분위기가 살벌하고 무서웠다.
(   )
93) 우리의 우정은 영원히 변치 않을 것이다.
(   )
94) 아침 일찍 일어나 산보를 가면 좋다.
(   )
95) 이번 위기를 현명하게 극복해야 한다.
(   )
96) 성당 건물이 너무 웅장하고 멋있었다.
(   )
97) 심야에 근무하는 사람이 의외로 많더라.
(   )
98) 아파트 청약자가 굉장히 많이 몰렸다.
(   )
99) 한자자격검정시험에서 1급을 취득했다.
(   )
100) 나열된 합격자 명단에 내 이름도 있다.
(   )

준4급 예 상 문 제 3회

대한민국한자자격검정시험   성명 (   )   점수   점

가. 다음 한자어의 독음을 쓰시오.

본보기 : 孝道 (효도)

1) 再會(   )   2) 奉養(   )
3) 指章(   )   4) 訪問(   )
5) 友愛(   )   6) 法律(   )
7) 敎務室(   )   8) 宿所(   )
9) 姉妹(   )   10) 承服(   )
11) 判事(   )   12) 接對(   )
13) 有益(   )   14) 公認(   )
15) 推仰(   )   16) 哀願(   )
17) 勇氣(   )   18) 石油(   )
19) 思考(   )   20) 現在(   )

나. 다음 한자의 뜻이 반대되는 한자를 쓰시오.

본보기 : 上 ↔ (下)

21) 增 ↔ (   )
22) 可 ↔ (   )

다. 다음 한자의 뜻이 비슷한 한자를 쓰시오.

본보기 : 道 ↔ (路)

23) 想 ↔ (   )
24) 根 ↔ (   )

라. 다음의 한자의 부수와 총 획수를 쓰시오.

본보기 : 孝 : (子부, 7획)

25) 引 :   부,   획
26) 誤 :   부,   획

마. 다음 한자의 훈음을 쓰시오.

본보기 : 孝 (효도 효)

27) 揚 (   )   28) 稅 (   )
29) 密 (   )   30) 素 (   )
31) 脚 (   )   32) 忙 (   )
33) 區 (   )   34) 序 (   )
35) 賀 (   )   36) 授 (   )
37) 泉 (   )   38) 悲 (   )
39) 賢 (   )   40) 失 (   )
41) 羅 (   )   42) 亦 (   )
43) 笑 (   )   44) 典 (   )
45) 頂 (   )   46) 貞 (   )

바. 다음의 단어를 한자로 바꿔 쓰시오.

본보기 : 효도:부모를 잘 섬기는 도리(**孝道**)

47) 치약 : 이를 닦는 데 쓰는 약 (   )
48) 수비 : 지켜 방비하는 것 (   )
49) 열녀 : 절개가 곧은 여자 (   )
50) 난방 : 따뜻한 방 (   )
51) 식순 : 의식의 순서 (   )

사. 다음 한자어의 뜻을 쓰시오.

본보기 : 孝道 (부모를 잘 섬기는 도리)

52) 硏究 (   )
53) 復習 (   )
54) 律動 (   )
55) 難處 (   )

아. 다음 밑줄친 한자의 독음을 쓰시오.

본보기 : 부모님께 <u>孝道</u>를 하자.
(효도)

56) 국민의식을 <u>改革</u>해야 한다고들 말한다.
   (   )
57) 공장을 휴업하고 <u>修理</u>에 들어갔다.
   (   )
58) 병원 내에서는 <u>禁煙</u> 입니다.
   (   )
59) 모처럼 찾아온 <u>絶好</u>의 기회를 잘 잡자.
   (   )
60) 이완용은 민족의 <u>反逆</u>者이다.
   (   )
61) <u>假建物</u>을 여러 채 짓고도 신고를 안 했다.
   (   )
62) <u>貴重</u>한 서적들을 빌려주셔서 감사합니다.
   (   )
63) <u>傳統文化</u>를 계승하고자 많은 노력을 한다.
   (   )
64) 참사 1주기를 맞아 <u>遺族</u>들이 오열했다.
   (   )
65) 금수강산을 잘 <u>保存</u>해서 후손에게 물려주자.
   (   )

자. 다음 물음에 알맞은 답을 쓰시오.
66) 殺의 음과 훈을 두 가지 쓰시오.
   ①   ②
67) 다음 한자의 음과 훈을 쓰시오.
   ① 哉 (   ) ② 栽 (   )
68) 愁의 부수로 맞는 것은? (   )
   ① 禾   ② 心   ③ 火   ④ 秋

차. 다음의 뜻에 알맞은 한자성어를 쓰시오.
69) 우열의 차가 없음을 뜻하는 말
   (   )
70) 실패는 흔히 있는 일이니 낙심할 것 없다는 말
   (   )

카. 다음 훈음에 맞는 한자를 쓰시오.

본보기 : 효도 효 (孝)

71) 고울 려 (   ) 72) 합할 협 (   )
73) 다   개 (   ) 74) 물결 파 (   )
75) 경사 경 (   ) 76) 빌   축 (   )
77) 머무를류 (   ) 78) 살필 찰 (   )
79) 절   배 (   ) 80) 찰   한 (   )
81) 장할 장 (   ) 82) 자세할정 (   )
83) 어조사야 (   ) 84) 베풀 시 (   )
85) 까마귀오 (   ) 86) 사례할사 (   )
87) 밝을 창 (   ) 88) 뭍   륙 (   )
89) 물   하 (   ) 90) 지날 과 (   )

타. 다음 밑줄친 단어를 한자로 고쳐 쓰시오.

본보기 : 부모님께 <u>효도</u>를 하자.
(孝道)

91) <u>친구</u>는 돈보다 더 소중하다.
   (   )
92) <u>자기자신</u>을 사랑하는 것이 매우 중요하다.
   (   )
93) 상대의 <u>입장</u>이 되어서 생각해 주어라.
   (   )
94) 서로 친한 사이일수록 <u>예절</u>을 지켜라.
   (   )
95) <u>언행일치</u>는 쉽지는 않지만 노력해야 한다.
   (   )
96) 공손하되 자신의 뜻을 <u>분명</u>하게 밝혀라.
   (   )
97) 근면하고 <u>성실</u>한 사람이 되어라.
   (   )
98) 우리 집 가훈은 "<u>항상</u> 노력하자"이다.
   (   )
99) 나는 언제나 <u>최선</u>을 다하려고 노력한다.
   (   )
100) "<u>독서</u>의 계절"이란 말이 맞는 말일까?
   (   )

준4급 예상문제 4회

대한민국한자자격검정시험　　성명(　　　)　　점수　　점

가. 다음 한자어의 독음을 쓰시오.

본보기 : 孝道 (효도)

1) 信徒(　　)　2) 農耕(　　)
3) 細密(　　)　4) 授與(　　)
5) 先烈(　　)　6) 淨水器(　　)
7) 流行(　　)　8) 答狀(　　)
9) 節氣(　　)　10) 形狀(　　)
11) 誤判(　　)　12) 留意(　　)
13) 餘恨(　　)　14) 英雄(　　)
15) 淸純(　　)　16) 圓滿(　　)
17) 義務(　　)　18) 慈悲(　　)
19) 進退(　　)　20) 再昨年(　　)

나. 다음 한자의 뜻이 상대되는 한자를 쓰시오.

본보기 : 上 ↔ (下)

21) 是　↔　(　　　)
22) 陰　↔　(　　　)

다. 다음 한자의 뜻이 비슷한 한자를 쓰시오.

본보기 : 道 ↔ (路)

23) 技　↔　(　　　)
24) 法　↔　(　　　)

라. 다음의 한자의 부수와 총 획수를 쓰시오.

본보기 : 孝 : (子부, 7획)

25) 妻 :　　부,　　획
26) 慶 :　　부,　　획

마. 다음 한자의 훈음을 쓰시오.

본보기 : 孝 (효도 효)

27) 怒(　　)　28) 暮(　　)
29) 凉(　　)　30) 此(　　)
31) 晩(　　)　32) 樹(　　)
33) 關(　　)　34) 也(　　)
35) 愁(　　)　36) 衆(　　)
37) 匹(　　)　38) 希(　　)
39) 呼(　　)　40) 且(　　)
41) 煙(　　)　42) 財(　　)
43) 遊(　　)　44) 井(　　)
45) 杯(　　)　46) 情(　　)

바. 다음의 단어를 한자로 바꿔 쓰시오.

본보기 : 효도:부모를 잘 섬기는 도리(孝道)

47) 초대 : 손님을 청하여 대접함 (　　)
48) 저자 : 지은이 (　　)
49) 이색 : 다른 생각, 색다름 (　　)
50) 시청 : 보고 듣는 일 (　　)
51) 공포 : 일반에게 널리 알리는 것
　　　　　　　　　　　　(　　)

사. 다음 한자어의 뜻을 쓰시오.

본보기 : 孝道 (부모를 잘 섬기는 도리)

52) 取材 (　　　　　　　　)
53) 頂上 (　　　　　　　　)
54) 效能 (　　　　　　　　)
55) 奉仕 (　　　　　　　　)

아. 다음 밑줄친 한자의 독음을 쓰시오.

본보기 : 부모님께 <u>孝道</u>를 하자.
(효도)

56) 물건을 <u>正常價格</u>으로 판매하고 있다.
(   )

57) 또 <u>橋脚</u>을 부실공사 하다니 어이없다.
(   )

58) 부도난 회사를 <u>起死回生</u> 시켰다.
(   )

59) 백화점에 가서 <u>旣成服</u> 한 벌을 사왔다.
(   )

60) 학교 축제에서 <u>絶妙</u>한 춤을 선보였다.
(   )

61) 정원에 <u>茂盛</u>하게 자란 풀을 뽑아 내었다.
(   )

62) 주인 없는 묘도 <u>伐草</u>를 해주었다.
(   )

63) 해외 동포의 조국 <u>訪問</u>을 환영합니다.
(   )

64) 이 책을 읽고 <u>感想文</u>을 써서 제출하세요.
(   )

65) 언젠가는 고구려의 옛 <u>領土</u>를 회복해야 한다.
(   )

자. 다음 물음에 알맞은 답을 쓰시오.

66) 復의 음과 훈을 두 가지 쓰시오.
① _____ ② _____

67) 다음 한자의 음과 훈을 쓰시오.
① 深 (   ) ② 探 (   )

68) 壯의 부수로 맞는 것은? (   )
① 뉘   ② 土   ③ 士   ④ 壯

차. 다음의 뜻에 알맞은 한자성어를 쓰시오.

69) 내 논에 물대기란 말로 자기에게 유리하도록 해석하거나 행동함
(   )

70) 하나의 행동으로 두 가지 성과를 거둠
(   )

카. 다음 훈음에 맞는 한자를 쓰시오.

본보기 : 효도 효 (孝)

71) 까마귀 오 (   ) 72) 어질 인 (   )
73) 어찌 하 (   ) 74) 공경 경 (   )
75) 어조사 호 (   ) 76) 펼   전 (   )
77) 법   식 (   ) 78) 쇠   철 (   )
79) 무릇 범 (   ) 80) 집   택 (   )
81) 저   피 (   ) 82) 의원 의 (   )
83) 맺을 결 (   ) 84) 허락할 허 (   )
85) 익힐 련 (   ) 86) 갚을 보 (   )
87) 넓을 광 (   ) 88) 힘쓸 면 (   )
89) 해   세 (   ) 90) 지낼 경 (   )

타. 다음 밑줄친 단어를 한자로 고쳐 쓰시오.

본보기 : 부모님께 <u>효도</u>를 하자.
(孝道)

91) 몸도 마음도 <u>편안</u>하게 하는 것이 중요하다.
(   )

92) 남에게 <u>의존</u>하지 말고 스스로 행하자.
(   )

93) 언어 <u>폭력</u>에 상대방은 상처를 입습니다.
(   )

94) <u>허영</u>심을 버리고 근면 절약하는 생활을….
(   )

95) <u>소설가</u>는 우선 이야기꾼이어야 한다.
(   )

96) 전국에서 <u>수집</u>해온 물량을 잘 정리해라.
(   )

97) 남의 의견을 <u>존중</u>할 줄 알아야 한다.
(   )

98) 우리나라도 노벨 <u>문학</u>상을 받을 수 있겠지.
(   )

99) 학습에 <u>흥미</u>를 느낄 수 있도록 해야 한다.
(   )

100) 그는 참으로 <u>달필</u>이다.
(   )

준4급 예상문제 5회

대한민국한자자격검정시험   성명 (   )   점수   점

가. 다음 한자어의 독음을 쓰시오.

본보기 : 孝道 (효도)

1) 冷房(   )   2) 宿直(   )
3) 昌盛(   )   4) 認識(   )
5) 感謝(   )   6) 河川(   )
7) 誤判(   )   8) 貞潔(   )
9) 守則(   )   10) 圓滿(   )
11) 形便(   )   12) 韓式(   )
13) 患者(   )   14) 快哉(   )
15) 苦難(   )   16) 著作權(   )
17) 禮拜(   )   18) 獨唱(   )
19) 傳承(   )   20) 招待狀(   )

나. 다음 한자의 뜻이 상대되는 한자를 쓰시오.

본보기 : 上 ↔ (下)

21) 眞 ↔ (   )
22) 賞 ↔ (   )

다. 다음 한자의 뜻이 비슷한 한자를 쓰시오.

본보기 : 道 ↔ (路)

23) 存 ↔ (   )
24) 想 ↔ (   )

라. 다음의 한자의 부수와 총 획수를 쓰시오.

본보기 : 孝 : (子부, 7획)

25) 興 :   부,   획
26) 井 :   부,   획

마. 다음 한자의 훈음을 쓰시오.

본보기 : 孝 (효도 효)

27) 皆 (   )   28) 慶 (   )
29) 凡 (   )   30) 散 (   )
31) 價 (   )   32) 常 (   )
33) 怒 (   )   34) 留 (   )
35) 杯 (   )   36) 借 (   )
37) 悲 (   )   38) 動 (   )
39) 於 (   )   40) 授 (   )
41) 麗 (   )   42) 尊 (   )
43) 忘 (   )   44) 要 (   )
45) 顔 (   )   46) 茂 (   )

바. 다음의 단어를 한자로 바꿔 쓰시오.

본보기 : 효도:부모를 잘 섬기는 도리(**孝道**)

47) 상통 : 서로 마음과 뜻이 통함
(   )
48) 상식 : 일반적인 지식이나 교양
(   )
49) 초대 : 손님을 청하여 대접함 (   )
50) 용사 : 용맹스러운 사람 (   )
51) 연승 : 잇달아 이김 (   )

사. 다음 한자어의 뜻을 쓰시오.

본보기 : 孝道 (부모를 잘 섬기는 도리)

52) 精誠 (   )
53) 與件 (   )
54) 快活 (   )
55) 復習 (   )

아. 다음 밑줄친 한자의 독음을 쓰시오.

본보기 : 부모님께 <u>孝道</u>를 하자.
(효도)

56) 날씨가 너무 더워 <u>溪谷</u>에 놀러 갔다.
(   )

57) <u>防共</u>은 공산당을 막는다는 뜻이다.
(   )

58) 법 앞에서도 <u>特惠</u>를 누리려는 사람들….
(   )

59) 우리의 <u>結論</u>은 하나로 집약되었다.
(   )

60) 중동 지역은 지구상의 <u>火藥庫</u>이다.
(   )

61) 소음은 공부에 <u>莫大</u>한 지장을 초래했다.
(   )

62) 책을 읽을 때는 양서를 <u>選別</u>해야 한다.
(   )

63) <u>理由</u>가 타당한지 일단 들어보기로 하자.
(   )

64) 오늘이 더위가 물러간다는 <u>處暑</u>이다.
(   )

65) 각국의 <u>代表</u>들이 한치의 양보도 없었다.
(   )

자. 다음 물음에 알맞은 답을 쓰시오.

66) 宅의 음과 훈을 두 가지 쓰시오.
① ②

67) 다음 한자의 음과 훈을 쓰시오.
① 陽 (   ) ② 揚 (   )

68) 暴의 부수로 맞는 것은? (   )
① 日　② 八　③ 水　④ 曰

차. 다음의 뜻에 알맞은 한자성어를 쓰시오.

69) 큰그릇을 만드는 데는 시간이 오래 걸리는 것처럼 큰 인물은 늦게 이루어짐
(   )

70) 젊은이 늙은이 할 것 없이 같이 즐김
(   )

카. 다음 훈음에 맞는 한자를 쓰시오.

본보기 : 효도 효 (孝)

71) 갈　　연 (   ) 72) 아닐 부 (   )
73) 과녁 적 (   ) 74) 들을 청 (   )
75) 손가락지 (   ) 76) 저　　피 (   )
77) 맞을 적 (   ) 78) 모을 집 (   )
79) 이마 정 (   ) 80) 판단할판 (   )
81) 밀　　추 (   ) 82) 사랑 자 (   )
83) 어질 현 (   ) 84) 클　　태 (   )
85) 풀　　해 (   ) 86) 지을 조 (   )
87) 더할 익 (   ) 88) 아내 처 (   )
89) 짝　　필 (   ) 90) 의지할의 (   )

타. 다음 밑줄친 단어를 한자로 고쳐 쓰시오.

본보기 : 부모님께 <u>효도</u>를 하자.
(孝道)

91) 할머니께서 <u>위급</u>하시다는 연락을 받았다.
(   )

92) 방학 <u>과제</u>물을 정리하여 제출했다.
(   )

93) <u>고향</u>으로 가는 길은 가깝고도 멀었다.
(   )

94) <u>평화</u>를 지키려면 먼저 힘을 길러야 한다.
(   )

95) 컴퓨터는 <u>유망</u>한 사업분야이다.
(   )

96) 논술 시험에 <u>대비</u>하여 책을 많이 읽었다.
(   )

97) 형제는 <u>우애</u>할 따름이니라.
(   )

98) 오늘 <u>결강</u>하면 시험에 불리할 것이다.
(   )

99) '<u>전쟁</u>과 평화'라는 책을 세 번 읽었다.
(   )

100) <u>서열</u>대로 앉아서 의식을 진행했다.
(   )

준4급 예상문제 6회

대한민국한자자격검정시험   성명 (   )   점수   점

가. 다음 한자어의 독음을 쓰시오.

본보기 : 孝道 (효도)

1) 聽聞會(   ) 2) 流行歌(   )
3) 指南鐵(   ) 4) 暴惡(   )
5) 遺業(   )   6) 前進(   )
7) 是認(   )   8) 常備軍(   )
9) 造作(   )   10) 傳統(   )
11) 法律(   ) 12) 除雪車(   )
13) 密語(   ) 14) 眞實(   )
15) 取材(   ) 16) 榮光(   )
17) 容易(   ) 18) 氏族(   )
19) 銀貨(   ) 20) 修身齊家(   )

나. 다음 한자의 뜻이 상대되는 한자를 쓰시오.

본보기 : 上 ↔ (下)

21) 功 ↔ (   )
22) 集 ↔ (   )

다. 다음 한자의 뜻이 비슷한 한자를 쓰시오.

본보기 : 道 ↔ (路)

23) 到 ↔ (   )
24) 希 ↔ (   )

라. 다음의 한자의 부수와 총 획수를 쓰시오.

본보기 : 孝 : (子부, 7획)

25) 圓 :   부,   획
26) 缺 :   부,   획

마. 다음 한자의 훈음을 쓰시오.

본보기 : 孝 (효도 효)

27) 何 (   )   28) 愁 (   )
29) 再 (   )   30) 考 (   )
31) 恒 (   )   32) 根 (   )
33) 麗 (   )   34) 殺 (   )
35) 區 (   )   36) 鄕 (   )
37) 揚 (   )   38) 序 (   )
39) 悲 (   )   40) 約 (   )
41) 伏 (   )   42) 匹 (   )
43) 財 (   )   44) 束 (   )
45) 的 (   )   46) 愛 (   )

바. 다음의 단어를 한자로 바꿔 쓰시오.

본보기 : 효도:부모를 잘 섬기는 도리 (孝道)

47) 병사 : 병으로 죽음 (   )
48) 달성 : 뜻한 바를 이루는 것 (   )
49) 담소 : 웃으면서 이야기 함 (   )
50) 가부 : 옳고 그름의 여부 (   )
51) 탐구 : 더듬어 찾음 (   )

사. 다음 한자어의 뜻을 쓰시오.

본보기 : 孝道 (부모를 잘 섬기는 도리)

52) 論爭 (   )
53) 尊敬 (   )
54) 傳承 (   )
55) 罰則 (   )

아. 다음 밑줄친 한자의 독음을 쓰시오.

> 본보기 : 부모님께 <u>孝道</u>를 하자.
> (효도)

56) 부모님께 <u>依存</u>하지 말고 자립하자.
 (   )
57) <u>與件</u>이 허락한다면 유학을 가고 싶다.
 (   )
58) <u>賢明</u>한 판단으로 이 문제를 해결하자.
 (   )
59) 참다운 <u>親舊</u>가 있다는 것은 축복이다.
 (   )
60) 내 말에 <u>留念</u>해서 꼭 실행하도록 해라.
 (   )
61) <u>新婦</u>감으로 교사가 1순위란다.
 (   )
62) 시험 <u>問題</u>가 너무 쉬웠다고들 한다.
 (   )
63) <u>將來</u> 희망은 세계적인 디자이너이다.
 (   )
64) 수학에 특히 <u>興味</u>를 가지고 있다.
 (   )
65) 이 다음에 쉬바이쩌 같은 <u>醫師</u>가 되겠다.
 (   )

자. 다음 물음에 알맞은 답을 쓰시오.
66) 宿의 음과 훈을 두 가지 쓰시오.
 ①   ②
67) 다음 한자의 음과 훈을 쓰시오.
 ① 努 (   ) ② 怒 (   )
68) 解의 부수로 맞는 것은? (   )
 ① 角   ② 刀   ③ 牛   ④ 解

차. 다음의 뜻에 알맞은 한자성어를 쓰시오.
69) 실력이 서로 엇비슷하여 우열을 가리기가 어려움을 뜻함 (   )
70) 모든 사람의 말이나 의견이 일치됨
 (   )

카. 다음 훈음에 맞는 한자를 쓰시오.

> 본보기 : 효도 효 (孝)

71) 지낼 경 (   ) 72) 함께 공 (   )
73) 거리 가 (   ) 74) 얻을 득 (   )
75) 밭갈 경 (   ) 76) 있을 재 (   )
77) 슬플 애 (   ) 78) 나타날저 (   )
79) 날랠 용 (   ) 80) 허물 죄 (   )
81) 우물 정 (   ) 82) 얼굴 안 (   )
83) 본받을효 (   ) 84) 부자 부 (   )
85) 살필 찰 (   ) 86) 눈   안 (   )
87) 정성 성 (   ) 88) 변할 변 (   )
89) 볼   감 (   ) 90) 가르칠훈 (   )

타. 다음 밑줄친 단어를 한자로 고쳐 쓰시오.

> 본보기 : 부모님께 <u>효도</u>를 하자.
> (孝道)

91) <u>접수</u> 창구에 입학원서를 제출했다.
 (   )
92) <u>신호등</u>이 깜박거릴 때는 대기해야 한다.
 (   )
93) <u>국방의무</u>는 신성한 것이다.
 (   )
94) <u>최선</u>을 다했다고 말할 수 있어야 한다.
 (   )
95) 이 마을이 <u>택지개발</u> 예정지로 공고되었다.
 (   )
96) <u>정보통신</u> 사회에서 인터넷을 알아야 한다.
 (   )
97) <u>등기소</u>에 가서 서류를 발급 받았다.
 (   )
98) 담배 <u>연기</u> 때문에 집안의 공기가 탁하다.
 (   )
99) <u>북두칠성</u>은 국자 모양이라 찾기가 쉽다.
 (   )
100) 강의 <u>요청</u>을 받고 자료를 준비했다.
 (   )

준4급 예상문제 7회

대한민국한자자격검정시험   성명 (   )   점수   점

가. 다음 한자어의 독음을 쓰시오.

> 본보기 : 孝道 (효도)

1) 謝過(   ) 2) 慈愛(   )
3) 賞狀(   ) 4) 協助(   )
5) 慶祝(   ) 6) 前進(   )
7) 權勢(   ) 8) 必勝(   )
9) 恒常(   ) 10) 便紙(   )
11) 誤答(   ) 12) 家族(   )
13) 景致(   ) 14) 服務(   )
15) 練習(   ) 16) 造化(   )
17) 思考(   ) 18) 餘恨(   )
19) 禁煙(   ) 20) 於此彼(   )

나. 다음 한자의 뜻이 상대되는 한자를 쓰시오.

> 본보기 : 上 ↔ (下)

21) 虛 ↔ (   )
22) 異 ↔ (   )

다. 다음 한자의 뜻이 비슷한 한자를 쓰시오.

> 본보기 : 道 ↔ (路)

23) 監 ↔ (   )
24) 法 ↔ (   )

라. 다음의 한자의 부수와 총 획수를 쓰시오.

> 본보기 : 孝 : (子부, 7획)

25) 麗 :   부,   획
26) 也 :   부,   획

마. 다음 한자의 훈음을 쓰시오.

> 본보기 : 孝 (효도 효)

27) 遇 (   ) 28) 收 (   )
29) 價 (   ) 30) 失 (   )
31) 潔 (   ) 32) 始 (   )
33) 區 (   ) 34) 藝 (   )
35) 晚 (   ) 36) 精 (   )
37) 凉 (   ) 38) 科 (   )
39) 律 (   ) 40) 壯 (   )
41) 妹 (   ) 42) 諸 (   )
43) 別 (   ) 44) 貨 (   )
45) 奉 (   ) 46) 呼 (   )

바. 다음의 단어를 한자로 바꿔 쓰시오.

> 본보기 : 효도:부모를 잘 섬기는 도리(孝道)

47) 경사 : 기쁜 일   (   )
48) 수업 : 학예를 가르쳐줌 (   )
49) 달성 : 목적한 바를 이룸 (   )
50) 건곤 : 하늘과 땅   (   )
51) 차용 : 돈을 빌리거나 꾸어줌
                        (   )

사. 다음 한자어의 뜻을 쓰시오.

> 본보기 : 孝道 (부모를 잘 섬기는 도리)

52) 鄕愁 (   )
53) 利益 (   )
54) 伐草 (   )
55) 權勢 (   )

아. 다음 밑줄친 한자의 독음을 쓰시오.

| 본보기 : 부모님께 <u>孝道</u>를 하자. |
| (효도) |

56) 이야기 소재를 찾으려고 <u>公園</u>에 갔다.
 (   )
57) <u>建物</u> 벽면이 그림으로 채워져 있었다.
 (   )
58) 열심히 해서 <u>脫落</u>하지 않도록 하자.
 (   )
59) 교육정책의 <u>重要性</u>을 인식해야 한다.
 (   )
60) 물건을 살 때는 <u>細密</u>하게 살피도록 해라.
 (   )
61) 수능시험일만 되면 <u>寒波</u>가 꼭 밀려든다.
 (   )
62) 환절기에는 특히 <u>感氣</u>에 주의해야 한다.
 (   )
63) <u>絶交</u>를 선언한 친구에게 편지를 썼다.
 (   )
64) 학교 폭력에 대해 <u>再認識</u>해야 한다.
 (   )
65) 우리의 역사는 <u>民衆</u>에 의해 이어져 왔다.
 (   )

자. 다음 물음에 알맞은 답을 쓰시오.
66) 說의 음과 훈을 두 가지 쓰시오.
 ①   ②
67) 다음 한자의 음과 훈을 쓰시오.
 ① 材 (   ) ② 財 (   )
68) 烈의 부수로 맞는 것은? (   )
 ① 刂   ② 歹   ③ 火   ④ 列

차. 다음의 뜻에 알맞은 한자성어를 쓰시오.
69) 위급한 일이 가까이 다가옴을 이르거나 사물의 덧없음을 가리키는 말
 (   )
70) 얼굴빛을 부드럽게 하여 크게 웃음
 (   )

카. 다음 훈음에 맞는 한자를 쓰시오.

| 본보기 : 효도 효 (孝) |

71) 얕을 천 (   ) 72) 억   억 (   )
73) 바늘 침 (   ) 74) 섬   도 (   )
75) 기름 유 (   ) 76) 재   성 (   )
77) 물결 파 (   ) 78) 굳셀 무 (   )
79) 거느릴통(   ) 80) 옳을 의 (   )
81) 수컷 웅 (   ) 82) 모습 용 (   )
83) 팔   매 (   ) 84) 쌓을 저 (   )
85) 살   매 (   ) 86) 창   창 (   )
87) 공경 경 (   ) 88) 살필 찰 (   )
89) 홑   단 (   ) 90) 정성 성 (   )

타. 다음 밑줄친 단어를 한자로 고쳐 쓰시오.

| 본보기 : 부모님께 <u>효도</u>를 하자. |
| (孝道) |

91) <u>부동산</u>을 많이 소유한 저 사람은 누구냐?
 (   )
92) 수업 <u>시간</u>에 우리는 진지하게 토론을 했다.
 (   )
93) <u>삼복</u> 더위는 정말 견디기 어렵다.
 (   )
94) <u>졸업</u> 여행 계획을 친구들과 세웠다.
 (   )
95) 전기가 들어오지 않은 원인은 <u>접속불량</u>이다.
 (   )
96) 교통이 너무 막혀 <u>방송</u> 시간을 어겼다.
 (   )
97) 무슨 일이든 <u>열정적</u>으로 하는 네가 부럽다.
 (   )
98) 내게 <u>일언반구</u>도 의논하지 않았다.
 (   )
99) <u>장유유서</u>의 뜻을 알고 있느냐?
 (   )
100) <u>안과</u>에 가서 시력검사를 했다.
 (   )

준4급 예상문제 8회

대한민국한자자격검정시험 　성명 (　　　) 　점수 　점

가. 다음 한자어의 독음을 쓰시오.

본보기 : 孝道 (효도)

1) 再拜(　　) 2) 病患(　　)
3) 期間(　　) 4) 舊式(　　)
5) 訓練(　　) 6) 氣流(　　)
7) 數量(　　) 8) 過熱(　　)
9) 着陸(　　) 10) 公害(　　)
11) 史觀(　　) 12) 實技(　　)
13) 戰爭(　　) 14) 敎養(　　)
15) 文化財(　　) 16) 節約(　　)
17) 問題(　　) 18) 祝歌(　　)
19) 湖南(　　) 20) 號令(　　)

나. 다음 한자의 뜻이 상대되는 한자를 쓰시오.

본보기 : 上 ↔ (下)

21) 因 ↔ (　　)
22) 初 ↔ (　　)

다. 다음 한자의 뜻이 비슷한 한자를 쓰시오.

본보기 : 道 ↔ (路)

23) 末 ↔ (　　)
24) 幸 ↔ (　　)

라. 다음의 한자의 부수와 총 획수를 쓰시오.

본보기 : 孝 : (子부, 7획)

25) 嚴 : 　부, 　획
26) 丙 : 　부, 　획

마. 다음 한자의 훈음을 쓰시오.

본보기 : 孝 (효도 효)

27) 井 (　　) 28) 認 (　　)
29) 引 (　　) 30) 遊 (　　)
31) 哀 (　　) 32) 序 (　　)
33) 乎 (　　) 34) 昨 (　　)
35) 徒 (　　) 36) 包 (　　)
37) 連 (　　) 38) 集 (　　)
39) 榮 (　　) 40) 解 (　　)
41) 頂 (　　) 42) 聽 (　　)
43) 賀 (　　) 44) 遇 (　　)
45) 借 (　　) 46) 純 (　　)

바. 다음의 단어를 한자로 바꿔 쓰시오.

본보기 : 효도:부모를 잘 섬기는 도리 (孝道)

47) 적당 : 알맞음 (　　)
48) 향수 : 고향을 그리워하는 마음 (　　)
49) 존경 : 받들어 공경함 (　　)
50) 고안 : 무슨 안을 생각하여 냄 (　　)
51) 복선 : 남모르게 준비해 두는 계책 (　　)

사. 다음 한자어의 뜻을 쓰시오.

본보기 : 孝道 (부모를 잘 섬기는 도리)

52) 燈油 (　　)
53) 常識 (　　)
54) 奉仕 (　　)
55) 危急 (　　)

아. 다음 밑줄친 한자의 독음을 쓰시오.

본보기 : 부모님께 <u>孝道</u>를 하자.
(효도)

56) 무슨 일이든 <u>信念</u>을 갖고 해야 한다.
    (   )
57) <u>忠告</u>해 주셔서 감사합니다.
    (   )
58) 소크라테스는 "<u>惡法</u>도 법이다."라 했다.
    (   )
59) <u>落葉</u>지는 가을이 되면 왠지 우울해진다.
    (   )
60) 그림을 그리다 <u>未完成</u>으로 내버려두었다.
    (   )
61) 여우와 호랑이에 관한 <u>傳說</u>이 많다.
    (   )
62) <u>古典文學</u>에 심취해서 외출을 안 한다.
    (   )
63) <u>鐵則</u>은 변경하거나 어길 수 없는 규칙이다.
    (   )
64) 하얀 <u>圖畵紙</u> 위에 네 꿈을 그리려무나.
    (   )
65) 충무공은 세계적인 <u>英雄</u>이시다.
    (   )

자. 다음 물음에 알맞은 답을 쓰시오.
66) 推의 음과 훈을 두 가지 쓰시오.
    ①   ②
67) 다음 한자의 음과 훈을 쓰시오.
    ① 狀 (   ) ② 壯 (   )
68) 賢의 부수로 맞는 것은? (   )
    ① 又   ② 臣   ③ 貝   ④ 賢

차. 다음의 뜻에 알맞은 한자성어를 쓰시오.
69) 다른 사람의 하찮은 언행일지라도 자기의 지혜와 덕을 연마하는 데 도움이 됨
    (   )
70) 죽어서 백골이 되어도 그 깊은 은혜를 잊을 수가 없다.
    (   )

카. 다음 훈음에 맞는 한자를 쓰시오.

본보기 : 효도 효 (孝)

71) 소리 성 (   ) 72) 굳셀 건 (   )
73) 익힐 강 (   ) 74) 낮을 저 (   )
75) 얻을 득 (   ) 76) 닫을 폐 (   )
77) 갈 왕 (   ) 78) 이를 조 (   )
79) 오히려상(   ) 80) 돼지 해 (   )
81) 다만 단 (   ) 82) 덜 제 (   )
83) 밥 반 (   ) 84) 깨끗할정(   )
85) 옮길 이 (   ) 86) 밝을 창 (   )
87) 할 위 (   ) 88) 저 피 (   )
89) 해 세 (   ) 90) 맛 미 (   )

타. 다음 밑줄친 단어를 한자로 고쳐 쓰시오.

본보기 : 부모님께 <u>효도</u>를 하자.
(孝道)

91) 그 물건은 <u>가격</u>이 너무 비싸다.
    (   )
92) 합격될 <u>가망</u>이 충분히 있다.
    (   )
93) 중세 <u>귀족</u>은 의상이 매우 화려했다.
    (   )
94) 학교에서 전통 <u>예법</u>에 대해서 배웠다.
    (   )
95) <u>이기적</u>인 사람은 어디서나 인기가 없다.
    (   )
96) <u>학력</u>이 높다 해서 지혜로운 것이 아니다.
    (   )
97) <u>식료품</u> 가게에서 참치 통조림을 샀다.
    (   )
98) 올해의 <u>소원</u>은 가족들이 건강한 것이다.
    (   )
99) 국민의 노력이 국가의 <u>발전</u>을 촉진한다.
    (   )
100) 어린 선수부터 <u>육성</u>해야 전망이 밝다.
    (   )

준4급 예상문제 9회

대한민국한자자격검정시험   성명 (   )   점수   점

가. 다음 한자어의 독음을 쓰시오.

본보기 : 孝道 (효도)

1) 指示 (   )   2) 暴惡 (   )
3) 獨唱 (   )   4) 詩集 (   )
5) 姉妹 (   )   6) 武器 (   )
7) 式順 (   )   8) 喪妻 (   )
9) 昨年 (   )   10) 淨潔 (   )
11) 顔面 (   )   12) 綠色 (   )
13) 硏究 (   )   14) 頂上 (   )
15) 探求 (   )   16) 餘波 (   )
17) 破片 (   )   18) 呼名 (   )
19) 使節 (   )   20) 茂盛 (   )

나. 다음 한자의 뜻이 상대되는 한자를 쓰시오.

본보기 : 上 ↔ (下)

21) 輕 ↔ (   )
22) 集 ↔ (   )

다. 다음 한자의 뜻이 비슷한 한자를 쓰시오.

본보기 : 道 ↔ (路)

23) 知 ↔ (   )
24) 哀 ↔ (   )

라. 다음의 한자의 부수와 총 획수를 쓰시오.

본보기 : 孝 : (子부, 7획)

25) 遊 :   부,   획
26) 素 :   부,   획

마. 다음 한자의 훈음을 쓰시오.

본보기 : 孝 (효도 효)

27) 效 (   )   28) 就 (   )
29) 恒 (   )   30) 圓 (   )
31) 虛 (   )   32) 始 (   )
33) 達 (   )   34) 復 (   )
35) 久 (   )   36) 關 (   )
37) 假 (   )   38) 動 (   )
39) 根 (   )   40) 受 (   )
41) 起 (   )   42) 連 (   )
43) 授 (   )   44) 適 (   )
45) 揚 (   )   46) 依 (   )

바. 다음의 단어를 한자로 바꿔 쓰시오.

본보기 : 효도:부모를 잘 섬기는 도리 (**孝道**)

47) 온천 : 25℃ 이상의 지하수 (   )
48) 존경 : 받들어 공경함 (   )
49) 화물 : 유형의 재화 (   )
50) 실례 : 예절에서 벗어남 (   )
51) 권세 : 권력과 세력 (   )

사. 다음 한자어의 뜻을 쓰시오.

본보기 : 孝道 (부모를 잘 섬기는 도리)

52) 修養 (   )
53) 歲暮 (   )
54) 脫稅 (   )
55) 利益 (   )

아. 다음 밑줄친 한자의 독음을 쓰시오.

> 본보기 : 부모님께 <u>孝道</u>를 하자.
> (효도)

56) <u>着實</u>하게 일을 하더니 결국 성공했다.
(   )

57) 건전한 <u>精神</u>은 건강한 육체에서 비롯된다.
(   )

58) <u>野遊會</u>에 가서 장기자랑을 하며 놀았다.
(   )

59) 이번 일에는 너의 <u>功勞</u>가 크다.
(   )

60) 나는 많은 사람들의 <u>祝福</u> 속에 결혼했다.
(   )

61) 아시안 게임에서 <u>宿敵</u> 일본을 격파했다.
(   )

62) 우리 아파트는 <u>再開發</u> 구역이다.
(   )

63) <u>難聽</u> 지역이라 TV를 볼 수가 없다.
(   )

64) 금강산을 여행하려고 <u>申請書</u>를 제출했다.
(   )

65) 날이 저물자 <u>街路燈</u>이 하나 둘씩 ….
(   )

자. 다음 물음에 알맞은 답을 쓰시오.

66) 省의 음과 훈을 두 가지 쓰시오.
① _____ ② _____

67) 다음 한자의 음과 훈을 쓰시오.
① 列 (   ) ② 烈 (   )

68) 著의 부수로 맞는 것은? (   )
① 日   ② 白   ③ 耂   ④ ⺿

차. 다음의 뜻에 알맞은 한자성어를 쓰시오.

69) 갑자기 모인 훈련 없는 군사를 뜻함
(   )

70) 말이 이치에 맞지 않아 말도 되지 않음
(   )

카. 다음 훈음에 맞는 한자를 쓰시오.

> 본보기 : 효도 효 (孝)

71) 있을 재 (   ) 72) 스승 사 (   )
73) 클   태 (   ) 74) 더울 서 (   )
75) 볼   감 (   ) 76) 경사 경 (   )
77) 지을 제 (   ) 78) 재주 예 (   )
79) 시험 시 (   ) 80) 성인 성 (   )
81) 옛   구 (   ) 82) 귀할 귀 (   )
83) 허락할허 (   ) 84) 장수 장 (   )
85) 목욕할욕 (   ) 86) 말할 론 (   )
87) 살필 찰 (   ) 88) 어질 현 (   )
89) 아닐 부 (   ) 90) 재료 료 (   )

타. 다음 밑줄친 단어를 한자로 고쳐 쓰시오.

> 본보기 : 부모님께 <u>효도</u>를 하자.
> (孝道)

91) 감기 몸살이 오는지 갑자기 <u>한기</u>가 든다.
(   )

92) 강원도 춘천은 <u>호수</u>의 도시이다.
(   )

93) 의사의 <u>처방</u>대로 약을 지어먹었다.
(   )

94) 지금으로선 <u>승패</u>를 짐작하기 어렵다.
(   )

95) 여러 사람이 <u>축전</u>을 보내어 격려해주었다.
(   )

96) 이번 대회에서 실력을 <u>인정</u>받아 기쁘다.
(   )

97) 그 사람은 <u>인덕</u>이 참 많은 것 같다.
(   )

98) <u>정거장</u>에서 버스를 기다리다 그를 만났다.
(   )

99) 부동산 <u>매매</u>가 안 돼 불황을 실감나게 한다.
(   )

100) <u>낙도</u> 어린이를 초청하여 구경시켰다.
(   )

준4급 예상문제 10회

대한민국한자자격검정시험   성명 (   )   점수   점

가. 다음 한자어의 독음을 쓰시오.

본보기 : 孝道 (효도)

1) 對決 (   )   2) 過去 (   )
3) 奉仕 (   )   4) 思春期 (   )
5) 歷史 (   )   6) 競賣 (   )
7) 親舊 (   )   8) 萬福 (   )
9) 鼻音 (   )   10) 數億 (   )
11) 原理 (   ) 12) 落書 (   )
13) 節約 (   ) 14) 行動擧止 (   )
15) 鐵橋 (   ) 16) 銀河水 (   )
17) 規則 (   ) 18) 具體的 (   )
19) 禮式 (   ) 20) 課外 (   )

나. 다음 한자의 뜻이 상대되는 한자를 쓰시오.

본보기 : 上 ↔ (下)

21) 陰 ↔ (   )
22) 眞 ↔ (   )

다. 다음 한자의 뜻이 비슷한 한자를 쓰시오.

본보기 : 道 ↔ (路)

23) 硏 ↔ (   )
24) 純 ↔ (   )

라. 다음의 한자의 부수와 총 획수를 쓰시오.

본보기 : 孝 : (子부, 7획)

25) 慶 :   부,   획
26) 留 :   부,   획

마. 다음 한자의 훈음을 쓰시오.

본보기 : 孝 (효도 효)

27) 庫 (   )   28) 素 (   )
29) 慈 (   )   30) 狀 (   )
31) 晩 (   )   32) 區 (   )
33) 絶 (   )   34) 關 (   )
35) 暮 (   )   36) 徒 (   )
37) 嚴 (   )   38) 樹 (   )
39) 貞 (   )   40) 律 (   )
41) 遇 (   )   42) 務 (   )
43) 將 (   )   44) 稅 (   )
45) 印 (   )   46) 深 (   )

바. 다음의 단어를 한자로 바꿔 쓰시오.

본보기 : 효도:부모를 잘 섬기는 도리 (**孝道**)

47) 역시 : 미리 생각했던 대로 (   )
48) 항상 : 늘 (   )
49) 이익 : 장사 따위로 남은 돈 (   )
50) 추진 : 앞으로 밀고 나아감 (   )
51) 의존 : 의지하고 있음 (   )

사. 다음 한자어의 뜻을 쓰시오.

본보기 : 孝道 (부모를 잘 섬기는 도리)

52) 遺産 (   )
53) 何必 (   )
54) 退步 (   )
55) 烈女 (   )

아. 다음 밑줄친 한자의 독음을 쓰시오.

> 본보기 : 부모님께 <u>孝道</u>를 하자.
> (효도)

56) 이번 비로 가뭄이 완전 <u>解渴</u>되었다.
( )
57) 이 작품은 <u>遠近</u> 처리가 잘 되어 있다.
( )
58) 경제가 어려워지자 <u>失業者</u>가 많아졌다.
( )
59) 나는 꼭 이 방면에서 <u>成功</u>할 것이다.
( )
60) 저 친구와 나는 정말 <u>特別</u>한 사이이다.
( )
61) 이 계획이 <u>有名無實</u>해지지 않도록 해라.
( )
62) 해마다 <u>修能</u>시험일만 되면 추워진다.
( )
63) 직접 <u>料理</u>를 해 먹으니 참 맛있었다.
( )
64) <u>敗北</u>했지만 다음 대회를 위해 연습하자.
( )
65) 수업 시간에 <u>密談</u>을 나누다 벌을 받았다.
( )

자. 다음 물음에 알맞은 답을 쓰시오.
66) 惡의 음과 훈을 두 가지 쓰시오.
① ②
67) 다음 한자의 음과 훈을 쓰시오.
① 防( ) ② 訪( )
68) 續의 부수로 맞는 것은? ( )
① 貝 ② 糸 ③ 士 ④ 罒

차. 다음의 뜻에 알맞은 한자성어를 쓰시오.
69) 옛 것을 익히고 그것으로 미루어 새로운 것을 아는 것 ( )
70) 잘한 사람에게는 상을 주고 잘못을 저지른 사람에게는 마땅히 벌을 줌
( )

카. 다음 훈음에 맞는 한자를 쓰시오.

> 본보기 : 효도 효 (孝)

71) 우물 정( ) 72) 또 차( )
73) 다리 각( ) 74) 샘 천( )
75) 힘쓸 노( ) 76) 돌아올복( )
77) 땅 곤( ) 78) 지킬 수( )
79) 이미 기( ) 80) 하례할하( )
81) 만날 봉( ) 82) 이 차( )
83) 재목 재( ) 84) 높을 존( )
85) 만들 조( ) 86) 모두 제( )
87) 깨뜨릴파( ) 88) 시골 향( )
89) 어조사호( ) 90) 다스릴치( )

타. 다음 밑줄친 단어를 한자로 고쳐 쓰시오.

> 본보기 : 부모님께 <u>효도</u>를 하자.
> (孝道)

91) 겨울이 오기 전에 <u>난방</u> 준비를 다했다.
( )
92) 나에게 큰 <u>행운</u>을 안겨 주었다.
( )
93) 지부에서 <u>본부</u>로 서류를 보내왔다.
( )
94) 알기 쉽게 <u>도표</u>를 그려서 설명했다.
( )
95) <u>반대의견</u>이 나와서 다시 조율했다.
( )
96) <u>과학</u>시간에 실험하니 재미있었다.
( )
97) 친구가 화가 난 <u>이유</u>를 몰라 당황했다.
( )
98) 아침 8시까지 운동장에 <u>집합</u>해야 한다.
( )
99) 뛰어난 <u>영재</u>들만 모인 학교라 다르다.
( )
100) <u>명의</u>라고 소문나자 환자들이 몰려왔다.
( )

준4급 예상문제 11회

대한민국한자자격검정시험   성명(   )   점수   점

가. 다음 한자어의 독음을 쓰시오.

> 본보기 : 孝道 (효도)

1) 羅列(　　　) 2) 受話(　　　)
3) 取得(　　　) 4) 詩集(　　　)
5) 請約(　　　) 6) 探究(　　　)
7) 深夜(　　　) 8) 脫衣(　　　)
9) 雄壯(　　　) 10) 風俗(　　　)
11) 賢明(　　　) 12) 連續(　　　)
13) 散步(　　　) 14) 修養(　　　)
15) 友情(　　　) 16) 故鄕(　　　)
17) 殺伐(　　　) 18) 除外(　　　)
19) 精神(　　　) 20) 講師(　　　)

나. 다음 한자의 뜻이 상대되는 한자를 쓰시오.

> 본보기 : 上 ↔ (下)

21) 賞　↔　(　　　)
22) 公　↔　(　　　)

다. 다음 한자의 뜻이 비슷한 한자를 쓰시오.

> 본보기 : 道 ↔ (路)

23) 愛　↔　(　　　)
24) 亦　↔　(　　　)

라. 다음의 한자의 부수와 총 획수를 쓰시오.

> 본보기 : 孝 : (子부, 7획)

25) 街 :　　부,　　　획
26) 密 :　　부,　　　획

마. 다음 한자의 훈음을 쓰시오.

> 본보기 : 孝 (효도 효)

27) 假(　　　) 28) 論(　　　)
29) 努(　　　) 30) 庫(　　　)
31) 脚(　　　) 32) 留(　　　)
33) 怒(　　　) 34) 考(　　　)
35) 皆(　　　) 36) 莫(　　　)
37) 徒(　　　) 38) 區(　　　)
39) 潔(　　　) 40) 晚(　　　)
41) 涼(　　　) 42) 起(　　　)
43) 慶(　　　) 44) 忘(　　　)
45) 烈(　　　) 46) 旣(　　　)

바. 다음의 단어를 한자로 바꿔 쓰시오.

> 본보기 : 효도:부모를 잘 섬기는 도리(孝道)

47) 비운 : 슬픈 운수　(　　　)
48) 흥미 : 흥을 느끼는 재미　(　　　)
49) 방음 : 소리를 막음　(　　　)
50) 유래 : 무엇으로 말미암아 일어남
　　　　　(　　　)
51) 요인 : 중요로운 원인　(　　　)

사. 다음 한자어의 뜻을 쓰시오.

> 본보기 : 孝道 (부모를 잘 섬기는 도리)

52) 賀禮(　　　　　　　　)
53) 害惡(　　　　　　　　)
54) 訪問(　　　　　　　　)
55) 素數(　　　　　　　　)

아. 다음 밑줄친 한자의 독음을 쓰시오.

본보기 : 부모님께 <u>孝道</u>를 하자.
(효도)

56) <u>貨物</u>을 택배로 보내주시기 바랍니다.
 (   )
57) 컴퓨터를 많이 하니 <u>視力</u>이 나빠졌다.
 (   )
58) 경제가 어려워 <u>稅金</u>도 잘 걷히지 않는다.
 (   )
59) 선생님! 2번은 <u>缺番</u>입니다.
 (   )
60) 제 생일에 친구들을 <u>招待</u>하고 싶습니다.
 (   )
61) 독점이라도 <u>適定</u>한 가격을 받아야 한다.
 (   )
62) 전관 <u>禮遇</u>라는 게 부조리를 양산한다.
 (   )
63) <u>依支</u>할 곳 없는 할머니들을 돕고 있다.
 (   )
64) 그 애는 장애인이지만 무척 <u>快活</u>하다.
 (   )
65) <u>遊園地</u>에 쓰레기들이 너무 많이 있다.
 (   )

자. 다음 물음에 알맞은 답을 쓰시오.
66) 易의 음과 훈을 두 가지 쓰시오.
 ①   ②
67) 다음 한자의 음과 훈을 쓰시오.
 ① 昌 (   ) ② 唱 (   )
68) 麗의 부수로 맞는 것은? (   )
 ① 广   ② 比   ③ 匕   ④ 鹿

차. 다음의 뜻에 알맞은 한자성어를 쓰시오.
69) 크게 같고 조금 다름. 즉 별로 다름이
 없음을 말함   (   )
70) 얼굴의 반만 아는 사이 즉 약간 얼굴만
 알지 그리 깊이 사귀지 않은 사이
 (   )

카. 다음 훈음에 맞는 한자를 쓰시오.

본보기 : 효도 효 (孝)

71) 목마를갈 (   ) 72) 다툴 경 (   )
73) 맺을 결 (   ) 74) 들   거 (   )
75) 볼   감 (   ) 76) 굳을 고 (   )
77) 공경 경 (   ) 78) 물건 건 (   )
79) 낱   개 (   ) 80) 함께 공 (   )
81) 가벼울경 (   ) 82) 세울 건 (   )
83) 고칠 개 (   ) 84) 공   공 (   )
85) 별   경 (   ) 86) 검사할검 (   )
87) 손님 객 (   ) 88) 허물 과 (   )
89) 지낼 경 (   ) 90) 결단할결 (   )

타. 다음 밑줄친 단어를 한자로 고쳐 쓰시오.

본보기 : 부모님께 <u>효도</u>를 하자.
(孝道)

91) <u>저작권</u>을 침해하는 사례가 너무 많다.
 (   )
92) 이 무더운 여름에 <u>계곡</u>에나 다녀왔으면….
 (   )
93) 요즈음 <u>치아</u>를 교정하는 아이들이 많다.
 (   )
94) <u>하여간</u> 너는 대단한 녀석인 것 같다.
 (   )
95) 국민 수준은 높아만 가는데 <u>정치</u>는 그대로다.
 (   )
96) 오랜만에 친구에게서 <u>엽서</u>가 왔다.
 (   )
97) 소 값은 내렸는데 쇠고기 <u>가격</u>은 그대로다.
 (   )
98) <u>용기</u> 있는 시민에게 표창장이 수여되었다.
 (   )
99) 요즈음 <u>안색</u>이 너무 좋지 않구나!
 (   )
100) 저 사람은 <u>처복</u>은 있는 것 같다.
 (   )

준4급 예상문제 12회

대한민국한자자격검정시험   성명 (   )   점수   점

가. 다음 한자어의 독음을 쓰시오.

본보기 : 孝道 (효도)

1) 達筆(   )   2) 正常(   )
3) 興味(   )   4) 橋脚(   )
5) 文學(   )   6) 回生(   )
7) 尊重(   )   8) 旣成(   )
9) 收集(   )   10) 絶妙(   )
11) 小說(   ) 12) 茂盛(   )
13) 虛榮(   ) 14) 伐草(   )
15) 暴力(   ) 16) 訪問(   )
17) 依存(   ) 18) 感想(   )
19) 便安(   ) 20) 領土(   )

나. 다음 한자의 뜻이 상대되는 한자를 쓰시오.

본보기 : 上 ↔ (下)

21) 勝 ↔ (   )
22) 善 ↔ (   )

다. 다음 한자의 뜻이 비슷한 한자를 쓰시오.

본보기 : 道 ↔ (路)

23) 協 ↔ (   )
24) 逢 ↔ (   )

라. 다음의 한자의 부수와 총 획수를 쓰시오.

본보기 : 孝 : (子부, 7획)

25) 愛 :   부,   획
26) 舊 :   부,   획

마. 다음 한자의 훈음을 쓰시오.

본보기 : 孝 (효도 효)

27) 忙 (   )   28) 稅 (   )
29) 否 (   )   30) 別 (   )
31) 妹 (   )   32) 素 (   )
33) 散 (   )   34) 兵 (   )
35) 防 (   )   36) 笑 (   )
37) 殺 (   )   38) 丙 (   )
39) 拜 (   )   40) 續 (   )
41) 相 (   )   42) 伏 (   )
43) 罰 (   )   44) 修 (   )
45) 序 (   )   46) 洋 (   )

바. 다음의 단어를 한자로 바꿔 쓰시오.

본보기 : 효도:부모를 잘 섬기는 도리(孝道)

47) 봉사 : 이바지   (   )
48) 효능 : 효험을 나타내는 능력
          (   )
49) 정상 : 꼭대기   (   )
50) 시청 : 보고 듣는 일 (   )
51) 취재 : 작품이나 기사의 재료를 얻어옴
          (   )

사. 다음 한자어의 뜻을 쓰시오.

본보기 : 孝道 (부모를 잘 섬기는 도리)

52) 招待 (   )
53) 著者 (   )
54) 異色 (   )
55) 公布 (   )

아. 다음 밑줄친 한자의 독음을 쓰시오.

본보기 : 부모님께 孝道를 하자.
(효도)

56) 이제 進退를 확실히 결정해야만 한다.
( )

57) 권리를 주장하기 전에 義務를 다하라.
( )

58) 그녀는 淸純한 이미지가 참 좋다.
( )

59) 이제 餘恨이 없을 것 같습니다.
( )

60) 誤判으로 피해자와 가해자가 바뀌었다.
( )

61) 참으로 節氣는 조금도 틀리지 않다.
( )

62) 요즈음 流行한 의상은 너무하다 싶다.
( )

63) 순국 先烈에 대한 묵념을 드리겠습니다.
( )

64) 細密하게 관찰하는 습관을 길러야 한다.
( )

65) 信徒들이 모여 바자회를 개최하였다.
( )

자. 다음 물음에 알맞은 답을 쓰시오.

66) 畵의 음과 훈을 두 가지 쓰시오.
① ②

67) 다음 한자의 음과 훈을 쓰시오.
① 由 ( ) ② 油 ( )

68) 修의 부수로 맞는 것은? ( )
① 亻 ② ㅣ ③ 攵 ④ 彡

차. 다음의 뜻에 알맞은 한자성어를 쓰시오.

69) 등잔 밑이 어두움. 즉 가까운 곳에서 생긴 일을 먼데 일보다 더 모름
( )

70) 괴로움과 즐거움을 같이 함
( )

카. 다음 훈음에 맞는 한자를 쓰시오.

본보기 : 효도 효 (孝)

71) 과실 과 ( ) 72) 다만 단 ( )
73) 줄 급 ( ) 74) 고을 군 ( )
75) 벼슬 관 ( ) 76) 바를 단 ( )
77) 때 기 ( ) 78) 귀할 귀 ( )
79) 다리 교 ( ) 80) 이야기 담 ( )
81) 생각 념 ( ) 82) 법 규 ( )
83) 구원할 구 ( ) 84) 섬 도 ( )
85) 홑 단 ( ) 86) 다할 극 ( )
87) 갖출 구 ( ) 88) 도울 도 ( )
89) 붉을 단 ( ) 90) 금할 금 ( )

타. 다음 밑줄친 단어를 한자로 고쳐 쓰시오.

본보기 : 부모님께 효도를 하자.
(孝道)

91) 작년에 왔던 각설이 죽지도 않고 또 왔네.
( )

92) 자비로우신 부처님께 불공을 드렸다.
( )

93) 서로 타협하여 원만하게 해결합시다.
( )

94) 이 시대는 영웅을 진정 필요로 하고 있다.
( )

95) 다음 주의 사항을 유의하시기 바랍니다.
( )

96) 형상은 그릴 수 있지만 마음은 그릴 수 없다.
( )

97) 내가 보낸 편지의 답장이 이제 도착했다.
( )

98) 수돗물을 정수하지 않고도 먹을 수 있다.
( )

99) 다음은 대상 상장을 수여하겠습니다.
( )

100) 한자를 익히려면 농경사회를 생각하라.
( )

준4급 예상문제 13회

대한민국한자자격검정시험   성명 (   )   점수   점

가. 다음 한자어의 독음을 쓰시오.

본보기 : 孝道 (효도)

1) 要請(   )   2) 醫師(   )
3) 北斗(   )   4) 興味(   )
5) 煙氣(   )   6) 將來(   )
7) 登記(   )   8) 問題(   )
9) 情報(   )   10) 新婦(   )
11) 宅地(   )   12) 留念(   )
13) 最善(   )   14) 親舊(   )
15) 國防(   )   16) 賢明(   )
17) 信號(   )   18) 與件(   )
19) 接受(   )   20) 依存(   )

나. 다음 한자의 뜻이 상대되는 한자를 쓰시오.

본보기 : 上 ↔ (下)

21) 順 ↔ (   )
22) 淺 ↔ (   )

다. 다음 한자의 뜻이 비슷한 한자를 쓰시오.

본보기 : 道 ↔ (路)

23) 衆 ↔ (   )
24) 伐 ↔ (   )

라. 다음의 한자의 부수와 총 획수를 쓰시오.

본보기 : 孝 : (子부, 7획)

25) 庫 :   부,   획
26) 亦 :   부,   획

마. 다음 한자의 훈음을 쓰시오.

본보기 : 孝 (효도 효)

27) 守 (   )   28) 遊 (   )
29) 於 (   )   30) 失 (   )
31) 收 (   )   32) 由 (   )
33) 與 (   )   34) 我 (   )
35) 純 (   )   36) 油 (   )
37) 誤 (   )   38) 巖 (   )
39) 始 (   )   40) 盆 (   )
41) 遇 (   )   42) 仰 (   )
43) 式 (   )   44) 印 (   )
45) 危 (   )   46) 也 (   )

바. 다음의 단어를 한자로 바꿔 쓰시오.

본보기 : 효도:부모를 잘 섬기는 도리(**孝道**)

47) 논쟁 : 말이나 글로 따지고 싸움
      (   )
48) 존경 : 받들어 공경함 (   )
49) 전승 : 이전 것을 이어받음 (   )
50) 벌칙 : 처벌 규칙 (   )
51) 탐구 : 진리나 학문 등을 깊이 연구함
      (   )

사. 다음 한자어의 뜻을 쓰시오.

본보기 : 孝道 (부모를 잘 섬기는 도리)

52) 可否 (   )
53) 談笑 (   )
54) 達成 (   )
55) 病死 (   )

아. 다음 밑줄친 한자의 독음을 쓰시오.

> 본보기 : 부모님께 孝道를 하자.
> (효도)

56) 銀貨를 주워 곧바로 파출소에 신고했다.
(   )
57) 이번 대회는 容易하게 치를 수 있었다.
(   )
58) 각국의 기자들이 取材 경쟁을 벌였다.
(   )
59) 密語를 주고받는 연인들을 보았다.
(   )
60) 法律에 대한 지식이 모자라 손해를 본다.
(   )
61) 이제 대부분이 컴퓨터를 造作할 줄 안다.
(   )
62) 그가 이번 사건의 범인임을 是認했다.
(   )
63) 부모님의 遺業을 잘 계승해 나가야겠다.
(   )
64) 指南鐵을 자석이라고도 부른다.
(   )
65) 경제 聽聞會를 개최하기로 합의했다.
(   )

자. 다음 물음에 알맞은 답을 쓰시오.

66) 更의 음과 훈을 두 가지 쓰시오.
① ②
67) 다음 한자의 음과 훈을 쓰시오.
① 乎 (   ) ② 呼 (   )
68) 暮의 부수로 맞는 것은? (   )
① ⺿　② 日　③ 大　④ 曰

차. 다음의 뜻에 알맞은 한자성어를 쓰시오.

69) 낫 놓고 기역자도 모른다는 속담과 같은 한자성어 (   )
70) 해만 있고 이익은 전혀 없음의 뜻
(   )

카. 다음 훈음에 맞는 한자를 쓰시오.

> 본보기 : 효도 효 (孝)

71) 홀로 독 (   ) 72) 굳셀 무 (   )
73) 뭍 륙 (   ) 74) 지낼 력 (   )
75) 찰 랭 (   ) 76) 밥 반 (   )
77) 찰 만 (   ) 78) 익힐 련 (   )
79) 헤아릴 량 (   ) 80) 놓을 방 (   )
81) 팔 매 (   ) 82) 옷깃 령 (   )
83) 두 량 (   ) 84) 방 방 (   )
85) 살 매 (   ) 86) 푸를 록 (   )
87) 나그네 려 (   ) 88) 지킬 보 (   )
89) 힘쓸 면 (   ) 90) 헤아릴 료 (   )

타. 다음 밑줄친 단어를 한자로 고쳐 쓰시오.

> 본보기 : 부모님께 효도를 하자.
> (孝道)

91) 학생들 사이에서 태극기 부착이 유행한다.
(   )
92) 네로 황제는 포악한 성격으로 역사에 남는다.
(   )
93) 이보 전진하기 위해 일보 후퇴도 한다.
(   )
94) 이번 경기는 상비군팀이 이겼다.
(   )
95) 이번 기회에 우리 전통 문화를 알렸다.
(   )
96) 눈이 너무 많이 내려 제설차도 동원됐다.
(   )
97) 진실한 사람은 반드시 인정받는다.
(   )
98) 우리 팀이 우승의 영광을 차지했다.
(   )
99) 씨족 사회에서 흔히 볼 수 있는 일이다.
(   )
100) 특히, 정치인은 수신제가를 잘해야 한다.
(   )

준4급 예상문제 14회

대한민국한자자격검정시험   성명 (   )   점수   점

가. 다음 한자어의 독음을 쓰시오.

본보기 : 孝道 (효도)

1) 育成(   )   2) 英雄(   )
3) 發展(   )   4) 圖畵(   )
5) 所願(   )   6) 鐵則(   )
7) 食品(   )   8) 古典(   )
9) 學歷(   )   10) 傳說(   )
11) 利己(   )   12) 未完(   )
13) 禮法(   )   14) 落葉(   )
15) 貴族(   )   16) 惡法(   )
17) 可望(   )   18) 忠告(   )
19) 價格(   )   20) 信念(   )

나. 다음 한자의 뜻이 상대되는 한자를 쓰시오.

본보기 : 上 ↔ (下)

21) 眞 ↔ (   )
22) 受 ↔ (   )

다. 다음 한자의 뜻이 비슷한 한자를 쓰시오.

본보기 : 道 ↔ (路)

23) 察 ↔ (   )
24) 顔 ↔ (   )

라. 다음의 한자의 부수와 총 획수를 쓰시오.

본보기 : 孝 : (子부, 7획)

25) 區 :   부,   획
26) 羅 :   부,   획

마. 다음 한자의 훈음을 쓰시오.

본보기 : 孝 (효도 효)

27) 慈 (   )   28) 淺 (   )
29) 諸 (   )   30) 栽 (   )
31) 姉 (   )   32) 且 (   )
33) 造 (   )   34) 著 (   )
35) 在 (   )   36) 此 (   )
37) 存 (   )   38) 絶 (   )
39) 材 (   )   40) 唱 (   )
41) 衆 (   )   42) 貞 (   )
43) 哉 (   )   44) 妻 (   )
45) 泉 (   )   46) 情 (   )

바. 다음의 단어를 한자로 바꿔 쓰시오.

본보기 : 효도:부모를 잘 섬기는 도리(孝道)

47) 등유 : 등불을 켜는 데 쓰는 기름
(   )

48) 위급 : 위태롭고 급함 (   )

49) 봉사 : 이바지 (   )

50) 상식 : 보통의 지식 (   )

51) 적당 : 알맞음 (   )

사. 다음 한자어의 뜻을 쓰시오.

본보기 : 孝道 (부모를 잘 섬기는 도리)

52) 鄕愁 (   )
53) 伏線 (   )
54) 考案 (   )
55) 尊敬 (   )

아. 다음 밑줄친 한자의 독음을 쓰시오.

| 본보기 : 부모님께 孝道를 하자. |
| (효도) |

56) 湖南지방에 폭설이 내렸다고 한다.
    (   )
57) 이번 問題는 전 영역에서 고르게 나왔다.
    (   )
58) 일본에 있는 文化財를 꼭 찾아야 한다.
    (   )
59) 다시는 이 땅에 戰爭은 없어야 한다.
    (   )
60) 아직도 식민 史觀으로 해석하려 한다.
    (   )
61) 비행기가 안전하게 着陸했다.
    (   )
62) 數量을 정확히 파악해서 보고하시오.
    (   )
63) 訓練이 아무리 힘들어도 참고 이기자.
    (   )
64) 期間을 어기지 말고 납품을 해 주시오.
    (   )
65) 웃어른들께 歲拜를 다녀왔다.
    (   )

자. 다음 물음에 알맞은 답을 쓰시오.
66) 北의 음과 훈을 두 가지 쓰시오.
    ①   ②
67) 다음 한자의 음과 훈을 쓰시오.
    ① 指(   ) ② 持(   )
68) 殺의 부수로 맞는 것은? (   )
    ① 木   ② 几   ③ 又   ④ 殳

차. 다음의 뜻에 알맞은 한자성어를 쓰시오.
69) 남자가 갖추어야 할 네 가지 조건. 즉 신수, 말씨, 문필, 판단력
    (   )
70) 어진 사람은 산을 좋아하고, 지혜 있는 사람은 물을 좋아한다는 뜻
    (   )

카. 다음 훈음에 맞는 한자를 쓰시오.

| 본보기 : 효도 효 (孝) |

71) 아내 부 (   ) 72) 가릴 선 (   )
73) 상줄 상 (   ) 74) 얼음 빙 (   )
75) 부자 부 (   ) 76) 눈 설 (   )
77) 죽을 상 (   ) 78) 스승 사 (   )
79) 부처 불 (   ) 80) 재 성 (   )
81) 서리 상 (   ) 82) 생각 사 (   )
83) 갖출 비 (   ) 84) 별 성 (   )
85) 신선 선 (   ) 86) 하여금 사 (   )
87) 가난할 빈 (   ) 88) 성할 성 (   )
89) 착할 선 (   ) 90) 사례할 사 (   )

타. 다음 밑줄친 단어를 한자로 고쳐 쓰시오.

| 본보기 : 부모님께 효도를 하자. |
| (孝道) |

91) 호령소리에 깜짝 놀라 모두들 일어났다.
    (   )
92) 친구 결혼식에서 축가를 불러 주었다.
    (   )
93) 절약 정신이 몸에 배이신 부모님이시다.
    (   )
94) 방송국에서 주최한 교양 강좌에 갔다.
    (   )
95) 이론보다는 실기 시험을 잘 봐야 한다.
    (   )
96) 온 세계가 공해에 시달리고 있다.
    (   )
97) 증권 투자가 과열 조짐을 보이고 있다.
    (   )
98) 북서진 하던 기류가 고기압을 형성한다.
    (   )
99) 구식이라 해서 무조건 배척하지 말자.
    (   )
100) 병환 중이신 고모님을 찾아뵈었다.
    (   )

준4급 예상문제 15회

대한민국한자자격검정시험   성명 (   )   점수   점

가. 다음 한자어의 독음을 쓰시오.

본보기 : 孝道 (효도)

1) 名醫(　　)　2) 密談(　　)
3) 英才(　　)　4) 敗北(　　)
5) 集中(　　)　6) 料理(　　)
7) 理由(　　)　8) 修能(　　)
9) 科學(　　)　10) 實名(　　)
11) 反對(　　)　12) 特別(　　)
13) 圖表(　　)　14) 成功(　　)
15) 本部(　　)　16) 失業(　　)
17) 幸運(　　)　18) 遠近(　　)
19) 暖房(　　)　20) 解渴(　　)

나. 다음 한자의 뜻이 상대되는 한자를 쓰시오.

본보기 : 上 ↔ (下)

21) 興 ↔ (　　　)
22) 順 ↔ (　　　)

다. 다음 한자의 뜻이 비슷한 한자를 쓰시오.

본보기 : 道 ↔ (路)

23) 希 ↔ (　　　)
24) 招 ↔ (　　　)

라. 다음의 한자의 부수와 총 획수를 쓰시오.

본보기 : 孝 : (子부, 7획)

25) 榮 :　　부,　　획
26) 虛 :　　부,　　획

마. 다음 한자의 훈음을 쓰시오.

본보기 : 孝 (효도 효)

27) 聽(　　)　28) 暴(　　)
29) 推(　　)　30) 彼(　　)
31) 取(　　)　32) 匹(　　)
33) 針(　　)　34) 害(　　)
35) 快(　　)　36) 賢(　　)
37) 脫(　　)　38) 呼(　　)
39) 探(　　)　40) 好(　　)
41) 泰(　　)　42) 貨(　　)
43) 判(　　)　44) 患(　　)
45) 抱(　　)　46) 價(　　)

바. 다음의 단어를 한자로 바꿔 쓰시오.

본보기 : 효도:부모를 잘 섬기는 도리(孝道)

47) 열녀 : 정조를 굳게 지킨 여자
　　　　　　　　　(　　　　)
48) 퇴보 : 뒤로 물러섬 (　　　　)
49) 하필 : 어찌 꼭 (　　　　)
50) 유산 : 죽은 사람이 남긴 재산
　　　　　　　　　(　　　　)
51) 의존 : 의지하고 있음 (　　　)

사. 다음 한자어의 뜻을 쓰시오.

본보기 : 孝道 (부모를 잘 섬기는 도리)

52) 亦是 (　　　　　　　　　)
53) 恒常 (　　　　　　　　　)
54) 利益 (　　　　　　　　　)
55) 推進 (　　　　　　　　　)

아. 다음 밑줄친 한자의 독음을 쓰시오.

본보기 : 부모님께 <u>孝道</u>를 하자.
(효도)

56) <u>禮式</u>이 끝나자마자 바빠서 돌아왔다.
( )

57) 경기 <u>規則</u>을 잘 지켜 멋있게 해 보자.
( )

58) <u>鐵橋</u> 위를 달리는 기차가 멋있어 보인다.
( )

59) <u>節約</u>을 생활화하여 위기를 극복 하자.
( )

60) 기본 <u>原理</u>를 알려고 공부를 한다.
( )

61) <u>鼻音</u>에 해당되는 글자를 알아보아라.
( )

62) 이민간 <u>親舊</u>에게서 소식이 왔다.
( )

63) 찬란한 오천년 <u>歷史</u>를 널리 알려야 한다.
( )

64) 그는 <u>奉仕</u> 정신이 투철하여 인기 있다.
( )

65) 남북 <u>對決</u>을 지양하고 서로 협력하자.
( )

자. 다음 물음에 알맞은 답을 쓰시오.

66) 樂의 음과 훈을 두 가지 쓰시오.
① ②

67) 다음 한자의 음과 훈을 쓰시오.
① 受 ( ) ② 授 ( )

68) 祭의 부수로 맞는 것은? ( )
① 示　②月　③又　④肉

차. 다음의 뜻에 알맞은 한자성어를 쓰시오.

69) 여러 사람의 입을 막기가 어렵다는 뜻
( )

70) 일이 매우 빠른 것을 가리키는 말
( )

카. 다음 훈음에 맞는 한자를 쓰시오.

본보기 : 효도 효 (孝)

71) 성인 성 ( ) 72) 시험 시 ( )
73) 소리 성 ( ) 74) 알　식 ( )
75) 정성 성 ( ) 76) 책상 안 ( )
77) 권세 세 ( ) 78) 눈　안 ( )
79) 가늘 세 ( ) 80) 어두울암 ( )
81) 풍속 속 ( ) 82) 들　야 ( )
83) 보낼 송 ( ) 84) 약　약 ( )
85) 소나무송 ( ) 86) 기를 양 ( )
87) 베풀 시 ( ) 88) 같을 여 ( )
89) 볼　시 ( ) 90) 남을 여 ( )

타. 다음 밑줄친 단어를 한자로 고쳐 쓰시오.

본보기 : 부모님께 <u>효도</u>를 하자.
(孝道)

91) <u>과외</u> 수업보다는 자율학습을 해야 한다.
( )

92) <u>구체</u>적인 증거를 제시하지 못하였다.
( )

93) 푸른 하늘 <u>은하수</u> 하얀 쪽배에 …
( )

94) 그는 <u>행동거지</u>가 분명하여 믿음이 간다.
( )

95) 선수단의 버스가 온통 <u>낙서</u> 투성이다.
( )

96) <u>수억</u>의 인구 중에 단 한 사람을 만난 것이다.
( )

97) 귀댁에 <u>만복</u>이 깃들기를 축원합니다.
( )

98) 아침 일찍 <u>경매</u> 시장에 가서 구입했다.
( )

99) <u>사춘기</u> 소년은 괜한 일에도 고민한다.
( )

100) 일본은 <u>과거</u>를 외면하고 망발을 한다.
( )

준4급 예상문제 16회

대한민국한자자격검정시험   성명 (   )   점수   점

가. 다음 한자어의 독음을 쓰시오.

본보기 : 孝道 (효도)

1) 車庫 (   )   2) 祖國 (   )
3) 假面 (   )   4) 運動 (   )
5) 印朱 (   )   6) 造形 (   )
7) 熱烈 (   )   8) 地圖 (   )
9) 受講 (   )   10) 努力 (   )
11) 料食 (   ) 12) 信念 (   )
13) 妹弟 (   ) 14) 榮光 (   )
15) 密談 (   ) 16) 硏究 (   )
17) 持續 (   ) 18) 權勢 (   )
19) 判明 (   ) 20) 圓滿 (   )

나. 다음 한자의 뜻이 상대되는 한자를 쓰시오.

본보기 : 上 ↔ (下)

21) 乾 ↔ (   )
22) 深 ↔ (   )

다. 다음 한자의 뜻이 비슷한 한자를 쓰시오.

본보기 : 道 ↔ (路)

23) 悲 ↔ (   )
24) 虛 ↔ (   )

라. 다음의 한자의 부수와 총 획수를 쓰시오.

본보기 : 孝 : (子부, 7획)

25) 樹 :   부,   획
26) 承 :   부,   획

마. 다음 한자의 훈음을 쓰시오.

본보기 : 孝 (효도 효)

27) 希 (   )   28) 根 (   )
29) 價 (   )   30) 起 (   )
31) 脚 (   )   32) 旣 (   )
33) 皆 (   )   34) 怒 (   )
35) 缺 (   )   36) 徒 (   )
37) 耕 (   )   38) 羅 (   )
39) 考 (   )   40) 凉 (   )
41) 關 (   )   42) 麗 (   )
43) 區 (   )   44) 律 (   )
45) 久 (   )   46) 莫 (   )

바. 다음의 단어를 한자로 바꿔 쓰시오.

본보기 : 효도:부모를 잘 섬기는 도리 (孝道)

47) 흥미 : 흥을 느끼는 재미 (   )
48) 부활 : 다시 생기거나 활기를 띰
         (   )
49) 수업 : 학예를 가르쳐 줌 (   )
50) 계곡 : 골짜기 (   )
51) 남매 : 오빠와 누이 (   )

사. 다음 한자어의 뜻을 쓰시오.

본보기 : 孝道 (부모를 잘 섬기는 도리)

52) 可否 (   )
53) 暖房 (   )
54) 相通 (   )
55) 苦笑 (   )

아. 다음 밑줄친 한자의 독음을 쓰시오.

| 본보기 : 부모님께 孝道를 하자. |
| (효도) |

56) 景氣가 침체되어 부도업체가 속출한다.
( )
57) 제가 가장 尊敬하는 분은 아버지입니다.
( )
58) 작은 물건도 節約하는 습관을 기르자.
( )
59) 純潔한 그녀의 모습을 잊을 수 없다.
( )
60) 노고단 설경은 정말 壯觀이었다.
( )
61) 한국 배구가 강호들을 連破하고 우승했다.
( )
62) 지식을 習得하여 유용하게 쓰도록 해라.
( )
63) 이거냐! 저거냐! 兩端간에 결정을 해라.
( )
64) 목사님 講論은 오래도록 기억될 것이다.
( )
65) 獨唱 부문에서 최고상을 받아 기쁘다.
( )

자. 다음 물음에 맞는 답의 번호를 쓰시오.
66) 則의 음과 훈을 두 가지 쓰시오.
① ②
67) 다음 한자의 음과 훈을 쓰시오.
① 存 ( ) ② 在 ( )
68) 奉의 부수로 맞는 것은? ( )
① 亻   ② 大   ③ 三   ④ 卄

차. 다음의 뜻에 알맞은 한자성어를 쓰시오.
69) 아침에 내린 명령을 저녁에 다시 바꾸어
내린다는 말 ( )
70) 견줄 인물이 없을 만큼 아름다운 미인
( )

카. 다음 훈음에 맞는 한자를 쓰시오.

| 본보기 : 효도 효 (孝) |

71) 쉬울 이 ( ) 72) 동산 원 ( )
73) 잎   엽 ( ) 74) 할   위 ( )
75) 재주 예 ( ) 76) 은혜 은 ( )
77) 집   옥 ( ) 78) 그늘 음 ( )
79) 갈   왕 ( ) 80) 의원 의 ( )
81) 목욕할욕 ( ) 82) 옳을 의 ( )
83) 모습 용 ( ) 84) 옮길 이 ( )
85) 구름 운 ( ) 86) 써   이 ( )
87) 수컷 웅 ( ) 88) 어질 인 ( )
89) 바랄 원 ( ) 90) 까닭 인 ( )

타. 다음 밑줄친 단어를 한자로 고쳐 쓰시오.

| 본보기 : 부모님께 효도를 하자. |
| (孝道) |

91) 이 약의 효능은 아직 검증되지 않았다.
( )
92) 상장을 받고 너무 기뻐 눈물을 흘렸다.
( )
93) 우리 어머니는 자애로운 분이십니다.
( )
94) 방송국에서 공개 녹화방송에 참여했다.
( )
95) 만추의 날씨치고는 제법 더웠다.
( )
96) 아침인데도 아직 가로등이 꺼지지 않았다.
( )
97) 통신의 발달로 인간생활이 많이 변했다.
( )
98) 경축 행사장에 내외 귀빈이 많이 오셨다.
( )
99) 기업의 이익은 사회에 환원되어야 한다.
( )
100) 아무리 바빠도 순서를 기다리자.
( )

준4급 예상문제 17회

대한민국한자자격검정시험   성명(   )   점수   점

가. 다음 한자어의 독음을 쓰시오.

본보기 : 孝道 (효도)

1) 讀書(   )   2) 改革(   )
3) 最善(   )   4) 保存(   )
5) 恒常(   )   6) 遺族(   )
7) 誠實(   )   8) 傳統(   )
9) 分明(   )   10) 貴重(   )
11) 一致(   )   12) 建物(   )
13) 禮節(   )   14) 反逆(   )
15) 立場(   )   16) 絶好(   )
17) 自身(   )   18) 禁煙(   )
19) 親舊(   )   20) 修理(   )

나. 다음 한자의 뜻이 상대되는 한자를 쓰시오.

본보기 : 上 ↔ (下)

21) 怒 ↔ (   )
22) 往 ↔ (   )

다. 다음 한자의 뜻이 비슷한 한자를 쓰시오.

본보기 : 道 ↔ (路)

23) 徒 ↔ (   )
24) 莫 ↔ (   )

라. 다음의 한자의 부수와 총 획수를 쓰시오.

본보기 : 孝 : (子부, 7획)

25) 我 :   부,   획
26) 嚴 :   부,   획

마. 다음 한자의 훈음을 쓰시오.

본보기 : 孝 (효도 효)

27) 晚(   )   28) 丙(   )
29) 忘(   )   30) 伏(   )
31) 暮(   )   32) 逢(   )
33) 妙(   )   34) 散(   )
35) 茂(   )   36) 狀(   )
37) 防(   )   38) 續(   )
39) 杯(   )   40) 樹(   )
41) 伐(   )   42) 受(   )
43) 罰(   )   44) 收(   )
45) 凡(   )   46) 純(   )

바. 다음의 단어를 한자로 바꿔 쓰시오.

본보기 : 효도:부모를 잘 섬기는 도리(孝道)

47) 난처 : 딱하다   (   )
48) 복습 : 배운 것을 다시 익힘 (   )
49) 율동 : 일정한 규칙을 따라 움직임
                           (   )
50) 연구 : 어떤 사물을 관찰하는 일
                           (   )
51) 식순 : 의식의 순서   (   )

사. 다음 한자어의 뜻을 쓰시오.

본보기 : 孝道 (부모를 잘 섬기는 도리)

52) 齒藥(   )
53) 守備(   )
54) 烈女(   )
55) 暖房(   )

아. 다음 밑줄친 한자의 독음을 쓰시오.

> 본보기 : 부모님께 孝道를 하자.
> (효도)

56) 이산가족이 再會하는 장면이 나왔다.
( )

57) 통일되어도 思考의 차는 깊을 것이다.
( )

58) 진정한 勇氣와 만용을 구분해야 한다.
( )

59) 국민의 지도자로 推仰되어질 것이다.
( )

60) 그와 함께 있으면 有益하여 좋다.
( )

61) 判事의 질문에 큰 소리로 대답하십시오.
( )

62) 姉妹가 나란히 사법시험에 합격했다.
( )

63) 이번 주는 敎務室 청소당번이다.
( )

64) 형제간에 友愛하는 모습이 좋아 보인다.
( )

65) 도장이 없으면 指章을 찍어도 됩니다.
( )

자. 다음 물음에 알맞은 답을 쓰시오.

66) 畵의 음과 훈을 두 가지 쓰시오.
① ②

67) 다음 한자의 음과 훈을 쓰시오.
① 連( ) ② 運( )

68) 聽의 부수로 맞는 것은? ( )
① 心 ② 玉 ③ 耳 ④ 直

차. 다음의 뜻에 알맞은 한자성어를 쓰시오.

69) 아주 깊은 곳이라는 뜻으로 대궐을 비유하는 말 ( )

70) 크게 같고 조금 다르다는 뜻으로 별로 다름이 없음을 뜻함 ( )

카. 다음 훈음에 맞는 한자를 쓰시오.

> 본보기 : 효도 효 (孝)

71) 장수 장 ( ) 72) 제목 제 ( )
73) 낮을 저 ( ) 74) 도울 조 ( )
75) 쌓을 저 ( ) 76) 일찍 조 ( )
77) 원수 적 ( ) 78) 마칠 졸 ( )
79) 싸울 전 ( ) 80) 끝 종 ( )
81) 펼 전 ( )   82) 허물 죄 ( )
83) 머무를정 ( ) 84) 일찍 증 ( )
85) 정사 정 ( ) 86) 더할 증 ( )
87) 제사 제 ( ) 88) 나아갈진 ( )
89) 지을 제 ( ) 90) 참 진 ( )

타. 다음 밑줄친 단어를 한자로 고쳐 쓰시오.

> 본보기 : 부모님께 효도를 하자.
> (孝道)

91) 현재의 경제적 어려움은 곧 극복된다.
( )

92) 북쪽 서해 앞 바다에 석유가 매장되었단다.
( )

93) 애원해도 소용없는 현실이 안타깝다.
( )

94) 그는 태권도 공인 5단의 실력을 가졌다.
( )

95) 접대를 위해 너무 많은 돈을 지출한다.
( )

96) 이번 판결에 승복할 수 없어 항소했다.
( )

97) 숙소에 돌아와 휴식을 취했다.
( )

98) 그는 법률에 대한 지식이 많다.
( )

99) 이번 그의 방문은 정말 뜻밖이었다.
( )

100) 부모님을 극진한 정성으로 봉양한다.
( )

준4급 예상문제 18회

대한민국한자자격검정시험   성명 (   )   점수   점

가. 다음 한자어의 독음을 쓰시오.

본보기 : 孝道 (효도)

1) 序列(   )   2) 代表(   )
3) 戰爭(   )   4) 處暑(   )
5) 缺講(   )   6) 理由(   )
7) 友愛(   )   8) 選別(   )
9) 對備(   )   10) 莫大(   )
11) 有望(   ) 12) 火藥(   )
13) 平和(   ) 14) 結論(   )
15) 故鄕(   ) 16) 特惠(   )
17) 課題(   ) 18) 防共(   )
19) 危急(   ) 20) 溪谷(   )

나. 다음 한자의 뜻이 상대되는 한자를 쓰시오.

본보기 : 上 ↔ (下)

21) 得 ↔ (   )
22) 易 ↔ (   )

다. 다음 한자의 뜻이 비슷한 한자를 쓰시오.

본보기 : 道 ↔ (路)

23) 伐 ↔ (   )
24) 且 ↔ (   )

라. 다음의 한자의 부수와 총 획수를 쓰시오.

본보기 : 孝 : (子부, 7획)

25) 好 :   부,   획
26) 喪 :   부,   획

마. 다음 한자의 훈음을 쓰시오.

본보기 : 孝 (효도 효)

27) 始 (   )   28) 遇 (   )
29) 深 (   )   30) 遊 (   )
31) 我 (   )   32) 油 (   )
33) 仰 (   )   34) 遺 (   )
35) 哀 (   )   36) 異 (   )
37) 也 (   )   38) 印 (   )
39) 逆 (   )   40) 引 (   )
41) 煙 (   )   42) 昨 (   )
43) 榮 (   )   44) 壯 (   )
45) 勇 (   )   46) 材 (   )

바. 다음의 단어를 한자로 바꿔 쓰시오.

본보기 : 효도:부모를 잘 섬기는 도리(孝道)

47) 정성 : 거짓이 없는 진실한 마음
(   )
48) 여건 : 주어진 조건   (   )
49) 쾌활 : 씩씩하고 활발함 (   )
50) 복습 : 배운 것을 다시 익힘 (   )
51) 연승 : 잇달아 이김   (   )

사. 다음 한자어의 뜻을 쓰시오.

본보기 : 孝道 (부모를 잘 섬기는 도리)

52) 相通 (   )
53) 常識 (   )
54) 招待 (   )
55) 勇士 (   )

아. 다음 밑줄친 한자의 독음을 쓰시오.

| 본보기 : 부모님께 孝道를 하자. |
| (효도) |

56) 우리 문화를 傳承해 갈 인재를 키워야…
 ( )
57) 禮拜는 엄숙하게 들여야 한다.
 ( )
58) 苦生 끝에 낙이 온다니 참고 이겨내자.
 ( )
59) 患者가 찬바람을 쐬지 않도록 하십시오.
 ( )
60) 形便이 어렵다고 학업을 중단하지 마라.
 ( )
61) 건강 守則을 써서 붙여놓고 실천한다.
 ( )
62) 상황을 誤判해서 손해를 많이 보았다.
 ( )
63) 스승님의 은혜에 感謝드립니다.
 ( )
64) 에어컨을 많이 쐬면 냉방병에 걸린다.
 ( )
65) 시작은 미약하나 나중은 昌盛하리라.
 ( )

자. 다음 물음에 알맞은 답을 쓰시오.

66) 數의 음과 훈을 두 가지 쓰시오.
 ① ②
67) 다음 한자의 음과 훈을 쓰시오.
 ① 烏 ( ) ② 鳥 ( )
68) 聖의 부수로 맞는 것은? ( )
 ① 耳 ② 口 ③ 王 ④ 壬

차. 다음의 뜻에 알맞은 한자성어를 쓰시오.

69) 윗사람을 농락하여 권세를 마음대로 하는 것을 뜻함 ( )
70) 따끔한 한마디의 충고라는 뜻
 ( )

카. 다음 훈음에 맞는 한자를 쓰시오.

| 본보기 : 효도 효 (孝) |

71) 버금 차 ( ) 72) 거느릴 통 ( )
73) 살필 찰 ( ) 74) 물결 파 ( )
75) 창 창 ( ) 76) 패할 패 ( )
77) 곳 처 ( ) 78) 닫을 폐 ( )
79) 쇠 철 ( ) 80) 찰 한 ( )
81) 가장 최 ( ) 82) 한정 한 ( )
83) 빌 축 ( ) 84) 돼지 해 ( )
85) 충성 충 ( ) 86) 허락할허 ( )
87) 이를 치 ( ) 88) 도울 협 ( )
89) 다를 타 ( ) 90) 호수 호 ( )

타. 다음 밑줄친 단어를 한자로 고쳐 쓰시오.

| 본보기 : 부모님께 효도를 하자. |
| (孝道) |

91) 내 생일에 많은 친구들을 초대했다.
 ( )
92) 우리 반에서 그 애가 독창을 제일 잘한다.
 ( )
93) 이 책은 누구의 저작인지 알고 싶다.
 ( )
94) 쾌활한 그의 성격은 타고난 것 같다.
 ( )
95) 전통 한식으로 지은 집에서 살고 싶다.
 ( )
96) 이 문제는 서로 원만하게 해결하자.
 ( )
97) 정결해 보이는 그녀는 누구입니까?
 ( )
98) 하천이 다시 맑아지고 있다.
 ( )
99) 무엇보다도 자신을 인식하는 것이 중요.
 ( )
100) 오늘밤은 내가 숙직이다.
 ( )

준4급 예상문제 19회

대한민국한자자격검정시험   성명 (   )   점수   점

가. 다음 한자어의 독음을 쓰시오.

본보기 : 孝道 （효도）

1) 眼科(　　)　　2) 民衆(　　)
3) 長幼(　　)　　4) 認識(　　)
5) 熱情(　　)　　6) 絶交(　　)
7) 放送(　　)　　8) 感氣(　　)
9) 接續(　　)　10) 分派(　　)
11) 不良(　　)　12) 細密(　　)
13) 卒業(　　)　14) 重要(　　)
15) 三伏(　　)　16) 脫落(　　)
17) 時間(　　)　18) 建物(　　)
19) 不動(　　)　20) 公園(　　)

나. 다음 한자의 뜻이 상대되는 한자를 쓰시오.

본보기 : 上 ↔ （下）

21)　賞　↔　(　　　)
22)　寒　↔　(　　　)

다. 다음 한자의 뜻이 비슷한 한자를 쓰시오.

본보기 : 道 ↔ （路）

23)　死　↔　(　　　)
24)　集　↔　(　　　)

라. 다음의 한자의 부수와 총 획수를 쓰시오.

본보기 : 孝 :（子부, 7획）

25) 狀 :　　　　부,　　　　획
26) 庫 :　　　　부,　　　　획

마. 다음 한자의 훈음을 쓰시오.

본보기 : 孝 （효도 효）

27) 栽 (　　)　28) 除 (　　)
29) 哉 (　　)　30) 存 (　　)
31) 著 (　　)　32) 尊 (　　)
33) 適 (　　)　34) 持 (　　)
35) 節 (　　)　36) 且 (　　)
37) 井 (　　)　38) 昌 (　　)
39) 淨 (　　)　40) 唱 (　　)
41) 貞 (　　)　42) 妻 (　　)
43) 頂 (　　)　44) 泉 (　　)
45) 諸 (　　)　46) 聽 (　　)

바. 다음의 단어를 한자로 바꿔 쓰시오.

본보기 : 효도:부모를 잘 섬기는 도리(**孝道**)

47) 안색 : 낯빛　　　　(　　　　)
48) 벌초 : 무덤의 풀을 벰 (　　　　)
49) 이익 : 장사하여 남은 것 (　　　　)
50) 향수 : 고향을 그리워하는 마음
　　　　　　　　　　　　(　　　　)
51) 건곤 : 하늘과 땅　　(　　　　)

사. 다음 한자어의 뜻을 쓰시오.

본보기 : 孝道 （부모를 잘 섬기는 도리）

52) 慶事 (　　　　　　)
53) 授業 (　　　　　　)
54) 達成 (　　　　　　)
55) 借用 (　　　　　　)

아. 다음 밑줄친 한자의 독음을 쓰시오.

본보기 : 부모님께 孝道를 하자.
(효도)

56) 아직도 禁煙 구역에서 담배를 피우다니….
 (   )
57) 책을 많이 읽어야 思考力이 좋아진다.
  (   )
58) 練習을 많이 해야 결과가 좋을 것이다.
 (   )
59) 景致가 너무 아름다워 넋을 잃었다.
 (   )
60) 채점을 잘못하여 誤答 처리하였다.
  (   )
61) 恒常 네 곁에는 내가 있을 거야, 사랑해!
 (   )
62) 權勢가 있다고 교만하지 말라.
 (   )
63) 慶祝 행사에 많은 사람이 참석했다.
 (   )
64) 留學 가서 박사학위를 받고 돌아왔다.
 (   )
65) 일본의 謝過는 진정성이 보이지 않는다.
  (   )

자. 다음 물음에 알맞은 답을 쓰시오.
66) 辰의 음과 훈을 두 가지 쓰시오.
  ①   ②
67) 다음 한자의 음과 훈을 쓰시오.
  ① 徒 (   ) ② 待 (   )
68) 復의 부수로 맞는 것은? (   )
  ① 夂   ② 夊   ③ 曰   ④ 彳

차. 다음의 뜻에 알맞은 한자성어를 쓰시오.
69) 사방으로 막힘 없이 통하여 교통이 편리한 곳을 뜻함 (   )
70) 하루 아침이나 하루 저녁 즉 짧은 시간을 나타내는 말 (   )

카. 다음 훈음에 맞는 한자를 쓰시오.

본보기 : 효도 효 (孝)

71) 이름 호 (   ) 72) 클   거 (   )
73) 그림 화 (   ) 74) 갈   거 (   )
75) 돌   회 (   ) 76) 다시 갱 (   )
77) 옳을 가 (   ) 78) 서울 경 (   )
79) 더할 가 (   ) 80) 지경 계 (   )
81) 노래 가 (   ) 82) 괴로울고(   )
83) 볼   간 (   ) 84) 알릴 고 (   )
85) 느낄 감 (   ) 86) 굽을 곡 (   )
87) 굳셀 강 (   ) 88) 하늘 공 (   )
89) 열   개 (   ) 90) 조목 과 (   )

타. 다음 밑줄친 단어를 한자로 고쳐 쓰시오.

본보기 : 부모님께 효도를 하자.
(孝道)

91) 어차피 가야 할 길이라면 피하지 말라.
  (   )
92) 이제 죽어도 여한이 없습니다.
       (   )
93) 하늘의 조화는 예측할 수가 없다.
      (   )
94) 군 복무를 성실히 마치고 제대했다.
  (   )
95) 가족이 가장 소중한 것이다.
 (   )
96) 편지 한 장 없는 네가 야속하구나.
  (   )
97) 필승 전략을 세우느라 한잠도 못 잤다.
 (   )
98) 우리모두 힘을 합쳐 힘차게 전진합시다.
           (   )
99) 협조해 주셔서 대단히 감사합니다.
 (   )
100) 자애로우신 우리 어머님을 언제 뵐까?
 (   )

준4급 예 상 문 제 20회

대한민국한자자격검정시험   성명 (   )   점수   점

가. 다음 한자어의 독음을 쓰시오.

본보기 : 孝道 (효도)

1) 落島(   ) 2) 街路(   )
3) 賣買(   ) 4) 申請(   )
5) 停車(   ) 6) 難聽(   )
7) 仁德(   ) 8) 再發(   )
9) 認定(   ) 10) 宿敵(   )
11) 祝電(   ) 12) 幸福(   )
13) 勝敗(   ) 14) 功勞(   )
15) 處方(   ) 16) 精神(   )
17) 湖水(   ) 18) 着實(   )
19) 寒氣(   ) 20) 野遊會(   )

나. 다음 한자의 뜻이 상대되는 한자를 쓰시오.

본보기 : 上 ↔ (下)

21) 公   ↔ (   )
22) 明   ↔ (   )

다. 다음 한자의 뜻이 비슷한 한자를 쓰시오.

본보기 : 道 ↔ (路)

23) 具   ↔ (   )
24) 希   ↔ (   )

라. 다음의 한자의 부수와 총 획수를 쓰시오.

본보기 : 孝 : (子부, 7획)

25) 號 :   부,   획
26) 最 :   부,   획

마. 다음 한자의 훈음을 쓰시오.

본보기 : 孝 (효도 효)

27) 害 (   ) 28) 協 (   )
29) 鄕 (   ) 30) 亥 (   )
31) 乎 (   ) 32) 限 (   )
33) 呼 (   ) 34) 閉 (   )
35) 好 (   ) 36) 波 (   )
37) 患 (   ) 38) 特 (   )
39) 舊 (   ) 40) 打 (   )
41) 回 (   ) 42) 他 (   )
43) 窓 (   ) 44) 忠 (   )
45) 惠 (   ) 46) 鐵 (   )

바. 다음의 단어를 한자로 바꿔 쓰시오.

본보기 : 효도:부모를 잘 섬기는 도리(孝道)

47) 수양 : 몸과 마음을 닦음 (   )
48) 세모 : 그 해가 저무는 때 (   )
49) 탈세 : 세금의 일부나 전부를 포탈
             (   )
50) 권세 : 권력과 세력   (   )
51) 존경 : 받들어 공경함 (   )

사. 다음 한자어의 뜻을 쓰시오.

본보기 : 孝道 (부모를 잘 섬기는 도리)

52) 利益 (   )
53) 溫泉 (   )
54) 貨物 (   )
55) 失禮 (   )

아. 다음 밑줄친 한자의 독음을 쓰시오.

본보기 : 부모님께 <u>孝道</u>를 하자.
(효도)

56) 문화 <u>使節</u>의 일원으로 세계를 순방했다.
(   )

57) 폭발물의 <u>破片</u>들이 여기저기 흩어져있다.
(   )

58) 진지하게 <u>探求</u>하면 찾을 수 있을 것이다.
(   )

59) 어디서 <u>顔面</u>이 있는 사람이다.
(   )

60) <u>昨年</u>에 왔던 그 사람을 기억한다.
(   )

61) <u>式順</u>에 따라 내빈 소개를 하겠습니다.
(   )

62) 이번에 <u>姉妹</u>가 나란히 합격했다.
(   )

63) 나는 <u>獨唱</u>을 잘 합니다.
(   )

64) 이제는 <u>研究</u> 과제물을 풀어야 한다.
(   )

65) 별다른 <u>指示</u>가 없으면 돌아가시오.
(   )

자. 다음 물음에 알맞은 답을 쓰시오.

66) 北의 음과 훈을 두 가지 쓰시오.
① ②

67) 다음 한자의 음과 훈을 쓰시오.
① 興 (   ) ② 與 (   )

68) 乾의 부수로 맞는 것은? (   )
① 亻 ② 十 ③ 乞 ④ 乙

차. 다음의 뜻에 알맞은 한자성어를 쓰시오.

69) 자기의 노력을 천하게 낮추어 쓰인 말
(   )

70) 불을 보는 것과 같이 그 결과가 환함
(   )

카. 다음 훈음에 맞는 한자를 쓰시오.

본보기 : 효도 효 (孝)

71) 농사 농 (   ) 72) 하여금 령 (   )
73) 능할 능 (   ) 74) 흐를 류 (   )
75) 마땅할 당 (   ) 76) 오얏나무 리 (   )
77) 대할 대 (   ) 78) 일만 만 (   )
79) 그림 도 (   ) 80) 끝 말 (   )
81) 법도 도 (   ) 82) 망할 망 (   )
83) 읽을 독 (   ) 84) 매양 매 (   )
85) 머리 두 (   ) 86) 목숨 명 (   )
87) 풍류 악 (   ) 88) 들을 문 (   )
89) 좋을 량 (   ) 90) 말 물 (   )

타. 다음 밑줄친 단어를 한자로 고쳐 쓰시오.

본보기 : 부모님께 <u>효도</u>를 하자.
(孝道)

91) 무덤에 잡초가 <u>무성</u>하게 자랐다.
(   )

92) <u>호명</u>한 사람은 앞으로 나오시오.
(   )

93) IMF <u>여파</u>가 가정까지 무너뜨린다.
(   )

94) <u>정상</u>에 올라가기 위해 노력들을 한다.
(   )

95) <u>녹색</u> 운전 면허를 새로 받았다.
(   )

96) <u>정결</u>한 음식이 맛도 있다.
(   )

97) <u>상처</u>란 아내가 먼저 죽은 것을 뜻한다.
(   )

98) 새로운 <u>무기</u>를 전시하는 곳에 가봤다.
(   )

99) 우리 선생님께서 새로운 <u>시집</u>을 내셨다.
(   )

100) 성격이 <u>포악</u>하여 친구들이 없다.
(   )

준4급 기출 문제 모범 답안

■ 제1회 (☞ 31~32쪽)

1)절정 2)재화 3)부흥 4)강론 5)복병 6)연속 7)유정 8)수구 9)현처 10)과거 11)정상 12)자애 13)구별 14)세무 15)퇴치 16)경하 17)허영 18)존재 19)비애 20)청중 21)川 22)陽 23)悲 24)坤 25)金.10 26)彳.11 27)바늘침 28)서로상 29)손가락지 30)부를초 31)가질취 32)얻을득 33)하늘건 34)땅곤 35)맺을약 36)마디절 37)이차 38)더울서 39)만날봉 40)우물정 41)군사병 42)지킬수 43)있을재 44)받을수 45)구역구 46)사랑애 47)乾坤 48)恒常 49)節約 50)研究 51)彼此 52)수양 53)세모 54)탈세 55)이익 56)오월 57)초청 58)용기 59)연구 60)절약 61)항상 62)자애 63)노력 64)계곡 65)저자 66) ①쉬울이②바꿀역 67) ①말미암을유 ②기름유 68)④ 69)대동소이 70)일석이조 71)慶 72)賀 73)治 74)情 75)賢 76)虛 77)切 78)別 79)區 80)借 81)在 82)存 83)榮 84)興 85)悲 86)哀 87)禍 88)財 89)論 90)假 91)學校 92)秋夕 93)意志 94)禮遇 95)漢字 96)招待 97)稅務 98)稅金 99)視力 100)貨物

■ 제2회 (☞ 33~34쪽)

1)만복 2)찬구 3)낙서 4)호명 5)봉사 6)원리 7)규칙 8)식순 9)연구 10)과거 11)정상 12)무기 13)예식 14)작년 15)과외 16)편파 17)사절 18)역사 19)시집 20)절약 21)重 22)陽 23)有 24)識 25)厶.5 26)乙.3 27)땅곤 28)오랠구 29)조세세.세금세 30)뿌리근 31)줄수 32)떨칠양 33)움직일동 34)있을재 35)비로소시 36)받을수 37)나무수 38)빌허 39)다를별 40)곧을정 41)만날우 42)도장인 43)깊을심 44)사랑자 45)둥글원 46)이차 47)4 48)3 49)1 50)5 51)2 52)물질적으로나 정신적으로 보탬이 되는 것 53)세밑.한 해가 저물때 54)몸과 마음을 닦아 인격을 높임 55)세금의 일부나 전부를 포탈함 56)산천 57)계곡 58)용기 59)가격 60)엽서 61)처가 62)하필 63)치아 64)안색 65)오월 66)④ 67)①말미암을유 ②기름유 68)①쉬울이 ②바꿀역 69)대동소이 70)대기만성 71)烈 72)徒 73)忘 74)論 75)起 76)涼.凉 77)密 78)潔 79)區 80)晩 81)庫 82)假 83)考 84)怒 85)留 86)脚 87)莫 88)勞 89)街 90)皆 91)學校 92)稅金 93)依支 94)禮遇 95)遊園地 96)招待 97)缺番 99)視力 100)漢字

■ 제3회 (☞ 35~36쪽)

1)강사 2)정신 3)제외 4)살벌 5)고향 6)우정 7)수양 8)산보 9)연속 10)현명 11)해악 12)웅장 13)탈의 14)심야 15)탐구 16)청약 17)하례 18)취득 19)수화 20)나열 21)賞 22)武 23)悲 24)亦 25)心.15 26)无.11 27)결단할결 28)지낼경.경서경 29)허물과.지낼과 30)손님객.나그네객 31)검사할검 32)볕경.경치경 33)공공 34)찾을방 35)세울건 36)가벼울경 37)함께공 38)낱개 39)물건건.사건건 40)공경경 41)굳을고 42)다스릴치 43)들거 44)맺을결 45)다툴경 46)목마를갈 47)亦是 48)恒常 49)利益 50)絶妙 51)推進 52)중요한 원인 53)흥을 느끼는 재미 54)소리를 막음 55)무엇으로 말미암아 일어남 56)착실 57)정신 58)야유회 59)공로 60)축복 61)숙적 62)재개발 63)난청 64)신청서 65)가로등 66)①살필성 ②덜생 67)①벌릴렬②매울렬 68)④ 69)烏合之卒(烏合之衆) 70)어불성설 71)在 72)泰 73)監 74)製 75)試 76)舊 77)許 78)浴 79)察 80)否 81)師 82)暑 83)慶 84)藝 85)聖 86)貴 87)將 88)論 89)賢 90)料 91)幸運 92)本部 93)理由 94)勝敗 95)祝電 96)認定 97)人德 98)停車場 99)賣買 100)落島

■ 제4회 (☞ 37~38쪽)

1)남자 2)자국 3)제외 4)호명 5)생활 6)우정 7)수양 8)규칙 9)연속 10)고금 11)사월 12)웅장 13)탈의 14)심야 15)한문 16)청약 17)하례 18)취득 19)수화 20)상하 21)重 22)死 23)法(則) 24)家 25)4 26)4 27)하늘천 28)지낼경.경서경 29)허물과.지낼과 30)모방 31)비로소시 32)볕경.경치경 33)공공 34)있을재 35)마음심 36)이차 37)땅곤 38)낱개 39)물건건.사건건 40)한가지동 41)굳을고 42)다스릴치 43)받을수 44)맺을결 45)바를정 46)곧을정 47)貨物 48)恒常 49)利益 50)卓上 51)推進 52)장사 따위로 남은 돈 53)흥을 느끼는 재미 54)몸과 마음을 닦아 인격을 높임 55)1위, 첫째가는 것 56)사견 57)정신 58)용기 59)공로 60)세수 61)치아 62)재개발 63)저자 64)신청서 65)항상 66)①수레거②수레차 67)①힘력②더할가 68)①권할권②권세권 69)삼한사온 70)시종여일 71)起 72)泰 73)監 74)忘 75)試 76)舊 77)區 78)烈 79)察 80)師 81)弟 82)暑 83)考 84)藝 85)否 86)貴 87)將 88)論 89)賢 90)皆 91)自由 92)民生 93)五月 94)稅金 95)松根 96)招待 97)人德 98)停車場 99)視力 100)時間

■ 제5회 (☞ 39~40쪽)

1)부흥 2)복병 3)강론 4)절정 5)재화 6)연속 7)유정 8)자애 9)과거 10)현처 11)정상 12)수구 13)구별 14)세무 15)허영 16)존재 17)청중 18)비애 19)경하 20)퇴치 21)川 22)陽 23)坤 24)悲 25)❺.10 26)❶.6 27)손가락지 28)서로상 29)바늘침 30)하늘건 31)가질취 32)얼을득 33)부를초 34)땅곤 35)맺을약 36)이차 37)마디절 38)만날봉 39)우물정 40)더울서 41)군사병 42)지킬수 43)구역구 44)사랑애 45)받을수 46)있을재 47)硏究 48)恒常 49)乾坤 50)節約 51)彼此 52)탈세 53)세모 54)수양 55)이익 56)오월 57)초청 58)용기 59)연구 60)노력 61)항상 62)자애 63)절약 64)저자 65)계곡 66)①바꿀역 ②쉬울이 67)①있을유 ②기름유 68)④ 69) 一石二鳥 70)大同小異 71)慶 72)情 73)治 74)賢 75)賀 76)區 77)切 78)別 79)借 80)虛 81)在 82)榮 83)存 84)悲 85)興 86)哀 87)禍 88)假 89)論 90)財 91)學校 92)意志 93)禮遇 94)秋夕 95)招待 96)漢字 97)稅務 98)貨物 99)視力 100)稅金

준4급 예상 문제 모범 답안

■ 제1회 (☞ 41~42쪽)

1) 독창 2) 순서 3) 강론 4) 이익 5) 양단 6) 경축 7) 습득 8) 발달 9) 연파 10) 가로등 11) 장관 12) 만추 13) 순결 14) 공개 15) 절약 16) 자애 17) 존경 18) 상장 19) 경기 20) 효능 21) 終(末) 22) 散 23) 卒 24) 規(則) 25) 力, 11 26) 口, 6 27) 옛 구 28) 연기 연 29) 끊을 절(빼어날 절) 31) 어질 현 32) 맞을 적(갈 적) 33) 칠 벌 34) 나타날 저(입을 착) 35) 어려울 난 36) 떨칠 양(드날릴 양) 37) 빌릴 차 38) 절 배 39) 하례할 하 40) 들을 청 41) 덜 제(나눗셈 제) 42) 구할 요(중요할 요) 43) 어제 작 44) 머무를 류 45) 얼굴 안 46) 그릇될 오 47) 可否 48) 苦笑 49) 相通 50) 煖房 51) 男妹 52) 골짜기 53) 학예를 가르쳐 줌 54) 다시 생기거나 활기를 띰 55) 흥을 느끼는 재미 56) 원만 57) 권세 58) 연구 59) 영광 60) 신념 61) 노력 62) 지도 63) 조형물 64) 운동 65) 조국 66) ③ 67) ② 68) ① 69) 格物致知 70) 結者解之 71) 說 72) 過 73) 眞 74) 經 75) 選 76) 綠 77) 望 78) 郡 79) 極 80) 廣 81) 備 82) 責 83) 改 84) 數 85) 章 86) 城 87) 處 88) 共 89) 陽 90) 養 91) 判明 92) 持續的 93) 密談 94) 妹弟 95) 料食業 96) 受講 97) 熱烈 98) 印朱 99) 假面 100) 車庫

■ 제2회 (☞ 43~44쪽)

1) 화물 2) 저작권 3) 건곤 4) 계곡 5) 세금 6) 영구치아 7) 결번 8) 하여간 9) 쾌활 10) 정치 11) 초대 12) 침엽수 13) 적정 14) 가격 15) 예우 16) 용기 17) 의지 18) 안색 19) 유원지 20) 처복 21) 實 22) 退 23) 溫 24) 聞 25) 臼, 14 26) 門, 19 27) 안을 포 28) 이를 달 29) 빌릴 차 30) 남길 유 31) 얕을 천 32) 영화 영 33) 항상 항 34) 힘쓸 무 35) 마디 절(절기 절) 36) 밭갈 경 37) 비로소 시(처음 시) 38) 다시 재(두 재) 39) 법률 률 40) 거둘 수 41) 뿌리 근 42) 잔 배 43) 저물 모 44) 남녘 병 45) 바위 암 46) 무릇 범 47) 要因 48) 賀禮 49) 害惡 50) 訪問 51) 素數 52) 슬픈 운수 53) 흥을 느끼는 재미 54) 소리를 막음 55) 무엇으로 말미암아 일어남 56) 강사 57) 제외 58) 고향 59) 수양 60) 연속 61) 미풍양속 62) 탈의실 63) 연구 64) 시집 65) 수화기 66) ①모양 상 ②문서 장 67) ①잊을 망 ②바쁠 망 68) ① 69) 燈火可親 70) 望雲之情 71) 野 72) 暗 73) 亥 74) 尙 75) 波 76) 使 77) 他 78) 綠 79) 最 80) 領 81) 終 82) 健 83) 祭 84) 減 85) 戰 86) 佛 87) 義 88) 都 89) 施 90) 貯 91) 精神力 92) 殺伐 93) 友情 94) 散步 95) 賢明 96) 雄壯 97) 深夜 98) 請約者 99) 取得 100) 羅列

■ 제3회 (☞ 45~46쪽)

1) 재회 2) 봉양 3) 지장 4) 방문 5) 우애 6) 법률 7) 교무실 8) 숙소 9) 자매 10) 승복 11) 판사 12) 접대 13) 유익 14) 공인 15) 추앙 16) 애원 17) 용기 18) 석유 19) 사고 20) 현재 21) 減 22) 否 23) 思(念, 考) 24) 本 25) 弓, 4 26) 言, 14 27) 떨칠 양(드날릴 양) 28) 조세 세 29) 빽빽할 밀(비밀 밀) 30) 흴 소(본디 소) 31) 다리 각 32) 바쁠 망 33) 구역 구(나눌 구) 34) 차례 서 35) 하례할 하 36) 줄 수 37) 샘 천 38) 슬플 비 39) 어질 현 40) 잃을 실(잘못할 실) 41) 벌릴 라(비단 라) 42) 또 역 43) 웃음 소 44) 법 전(책 전) 45) 정수리 정 46) 곧을 정 47) 齒藥 48) 守備 49) 烈女 50) 暖房 51) 式順 52) 어떤 사물을 과학적으로 분석, 관찰하는 일 53) 배운 것을 다시 익힘 54) 일정한 규칙을 따라 움직임 55) 딱하다 56) 개혁 57) 수리 58) 금연 59) 절호 60) 반역자 61) 가건물 62) 귀중 63) 전통문화 64) 유족 65) 보존 66) ①죽일 살 ②감할 쇄 67) ①어조사 재 ②심을 재 68) ② 69) 莫上莫下 70) 兵家常事 71) 麗 72) 協 73) 皆 74) 波 75) 慶 76) 祝 77) 留 78) 察 79) 拜 80) 寒 81) 壯 82) 精 83) 也 84) 施 85) 烏 86) 謝 87) 昌 88) 陸 89) 河 90) 過 91) 親舊 92) 自己自身 93) 立場 94) 禮節 95) 言行一致 96) 分明 97) 誠實 98) 恒常 99) 最善 100) 讀書

■ 제4회 (☞ 47~48쪽)
1) 신도 2) 농경 3) 세밀 4) 수여 5) 선열 6) 정수기 7) 유행 8) 답장 9) 절기 10) 형상 11) 오판 12) 유의 13) 여한 14) 영웅 15) 청순 16) 원만 17) 의무 18) 자비 19) 진퇴 20) 재작년 21) 非 22) 陽 23) 藝(術) 24) 規(則) 25) 女, 8 26) 心, 15 27) 성낼 노 28) 저물 모 29) 서늘할 량 30) 이 차 31) 늦을 만 32) 나무 수 33) 빗장 관(관계할 관) 34) 어조사 야 35) 근심 수 36) 무리 중 37) 짝 필 38) 바랄 희 39) 부를 호 40) 또 차 41) 연기 연 42) 재물 재 43) 놀 유 44) 우물 정 45) 잔 배 46) 뜻 정 47) 招待 48) 著者 49) 異色 50) 視聽 51) 公布 52) 작품, 기사의 재료를 얻어옴 53) 꼭대기 54) 효험을 나타내는 능력 55) 이바지 56) 정상가격 57) 교각 58) 기사회생 59) 기성복 60) 절묘 61) 무성 62) 벌초 63) 방문 64) 감상문 65) 영토 66) ①다시 부 ②돌아올 복 67) ①깊을 심 ②찾을 탐 68) ③ 69) 我田引水 70) 一擧兩得(一石二鳥) 71) 烏 72) 仁 73) 何 74) 敬 75) 乎 76) 展 77) 式 78) 鐵 79) 凡 80) 宅 81) 彼 82) 醫 83) 結 84) 許 85) 練 86) 報 87) 廣 88) 勉 89) 歲 90) 經 91) 便安 92) 依存 93) 暴力 94) 虛榮心 95) 小說家 96) 收集 97) 尊重 98) 文學賞 99) 興味 100) 達筆

■ 제5회 (☞ 49~50쪽)
1) 냉방 2) 숙직 3) 창성 4) 인식 5) 감사 6) 하천 7) 오판 8) 정결 9) 수칙 10) 원만 11) 형편 12) 한식 13) 환자 14) 쾌재 15) 고난 16) 저작권 17) 예배 18) 독창 19) 전승 20) 초대장 21) 假(僞) 22) 罰 23) 在 24) 思(念) 25) 臼, 16 26) 二, 4 27) 다 개 28) 경사 경 29) 무릇 범 30) 흩어질 산 31) 값 가 32) 항상 상(떳떳할 상) 33) 성낼 노 34) 머무를 류 35) 잔 배 36) 빌릴 차 37) 슬플 비 38) 움직일 동 39) 어조사 어 40) 줄 수 41) 고울 려 42) 높을 존 43) 잊을 망 44) 구할 요(중요할 요) 45) 얼굴 안 46) 우거질 무(무성할 무) 47) 相通 48) 常識 49) 招待 50) 勇士 51) 連勝 52) 거짓이 없는 진실한 마음 53) 주어진 조건 54) 씩씩하고 활발함 55) 배운 것을 다시 익힘 56) 계곡 57) 방공 58) 특혜 59) 결론 60) 화약고 61) 막대 62) 선별 63) 이유 64) 처서 65) 대표 66) ①집 택 ②집 댁 67) ①볕 양 ②떨칠 양 68) ① 69) 大器晚成 70) 老少同樂 71) 硏 72) 否 73) 的 74) 聽 75) 指 76) 彼 77) 適 78) 集 79) 頂 80) 判 81) 推 82) 慈 83) 賢 84) 泰 85) 解 86) 造 87) 益 88) 妻 89) 匹 90) 依 91) 危急 92) 課題物 93) 故鄕 94) 平和 95) 有望 96) 對備 97) 友愛 98) 缺講 99) 戰爭 100) 序列

■ 제6회 (☞ 51~52쪽)
1) 청문회 2) 유행가 3) 지남철 4) 포악 5) 유업 6) 전진 7) 시인 8) 상비군 9) 조작 10) 전통 11) 법률 12) 제설차 13) 밀어 14) 진실 15) 취재 16) 영광 17) 용이 18) 씨족 19) 은화 20) 수신제가 21) 過 22) 散 23) 達(着) 24) 望(願) 25) 口, 13 26) 缶, 10 27) 어찌 하 28) 근심 수 29) 다시 재(두 재) 30) 생각할 고(죽은아비 고) 31) 항상 항 32) 뿌리 근 33) 고울 려 34) 죽일 살(감할 쇄) 35) 구역 구(나눌 구) 36) 시골 향 37) 떨칠 양(드날릴 양) 38) 차례 서 39) 슬플 비 40) 맺을 약 41) 엎드릴 복 42) 짝 필 43) 재물 재 44) 묶을 속 45) 과녁 적 46) 사랑 애 47) 病死 48) 達成 49) 談笑 50) 可否 51) 探究 52) 말이나 글로 따지고 싸움 53) 받들어 공경함 54) 이전 것을 이어 받음 55) 법규를 어긴 행위에 대한 처벌 규칙 56) 의존 57) 여건 58) 현명 59) 친구 60) 유념 61) 신부 62) 문제 63) 장래 64) 흥미 65) 의사 66) ①잠잘 숙 ②별이름 수 67) ①힘쓸 노 ②성낼 노 68) ① 69) 難兄難弟(莫上莫下) 70) 異口同聲 71) 經 72) 共 73) 街 74) 得 75) 耕 76) 在 77) 哀 78) 著 79) 勇 80) 罪 81) 井 82) 顔 83) 效 84) 富 85) 察 86) 眼 87) 誠 88) 變 89) 監 90) 訓 91) 接受 92) 信號燈 93) 國防義務 94) 最善 95) 宅地開發 96) 情報通信 97) 登記所 98) 煙氣 99) 北斗七星 100) 要請

■ 제7회 (☞ 53~54쪽)
1) 사과 2) 자애 3) 상장 4) 협조 5) 경축 6) 전진 7) 권세 8) 필승 9) 항상 10) 편지 11) 오답 12) 가족 13) 경치 14) 복무 15) 연습 16) 조화 17) 사고 18) 여한 19) 금연 20) 어차피 21) 實 22) 同 23) 視(察) 24) 規(則) 25) 鹿, 19 26) 乙, 3 27) 만날 우 28) 거둘 수 29) 값 가 30) 잃을 실(잘못할 실) 31) 깨끗할 결 32) 비로소 시(처음 시) 33) 구역 구(나눌 구) 34) 재주 예 35) 늦을 만 36) 자세할 정 37) 서늘할 량 38) 조목 과 39) 법칙 률 40) 장할 장

41) 아랫누이 매 42) 모두 제 43) 다를 별(이별 별) 44) 재화 화 45) 받들 봉 46) 부를 호 47) 慶事 48) 授業 49) 達成 50) 乾坤 51) 借用 52) 고향을 그리워하는 마음이나 시름 53) 물질적으로나 정신적으로 보탬이 되는 것 54) 무덤의 풀을 깎음 55) 권력과 세력 56) 공원 57) 건물 58) 탈락 59) 중요성 60) 세밀 61) 한파 62) 감기 63) 절교 64) 재인식 65) 민중 66) ①말씀 설 ②달랠 세 67) ①재목 재 ②재물 재 68) ③ 69) 風前燈火 70) 破顔大笑 71) 淺 72) 億 73) 針 74) 島 75) 油 76) 城 77) 波 78) 武 79) 統 80) 義 81) 雄 82) 容 83) 賣 84) 貯 85) 買 86) 窓 87) 敬 88) 察 89) 單 90) 誠 91) 不動産 92) 時間 93) 三伏 94) 卒業 95) 接續不良 96) 放送 97) 熱情的 98) 一言半句 99) 長幼有序 100) 眼科

■ 제8회 (☞ 55~56쪽)

1) 재배 2) 병환 3) 기간 4) 구식 5) 훈련 6) 기류 7) 수량 8) 과열 9) 착륙 10) 공해 11) 사관 12) 실기 13) 전쟁 14) 교양 15) 문화재 16) 절약 17) 문제 18) 축가 19) 호남 20) 호령 21) 果 22) 終(末, 端) 23) 端(終) 24) 福 25) 山, 23 26) 一, 5 27) 우물 정 28) 알 인 29) 끌 인(당길 인) 30) 놀 유 31) 슬플 애 32) 차례 서 33) 어조사 호 34) 어제 작 35) 무리 도 36) 안을 포 37) 이을 련 38) 모을 집 39) 영화 영 40) 풀 해 41) 정수리 정 42) 들을 청 43) 하례할 하 44) 만날 우 45) 빌릴 차 46) 순수할 순 47) 適當 48) 鄕愁 49) 尊敬 50) 考案 51) 伏線 52) 등불을 켜는 데 쓰는 석유에서 뽑은 기름 53) 일반 사람이 다 아는 보통의 지식 54) 이바지 55) 위태롭고 마음을 놓을 수 없이 급함 56) 신념 57) 충고 58) 악법 59) 낙엽 60) 미완성 61) 전설 62) 고전문학 63) 철칙 64) 도화지 65) 영웅 66) ①뽑을 추 ②밀 퇴 67) ①문서 장(모양 상) ②장할 장 68) ③ 69) 他山之石 70) 白骨難忘 71) 聲 72) 健 73) 講 74) 低 75) 得 76) 閉 77) 往 78) 早 79) 尙 80) 亥 81) 但 82) 除 83) 飯 84) 淨 85) 移 86) 昌 87) 爲 88) 彼 89) 歲 90) 味 91) 價格 92) 可望 93) 貴族 94) 禮法 95) 利己的 96) 學歷 97) 食料品 98) 所願 99) 發展 100) 育成

■ 제9회 (☞ 57~58쪽)

1) 지시 2) 포악 3) 독창 4) 시집 5) 자매 6) 무기 7) 식순 8) 상처 9) 작년 10) 정결 11) 안면 12) 녹색 13) 연구 14) 정상 15) 탐구 16) 여파 17) 파편 18) 호명 19) 사절 20) 무성 21) 重 22) 散 23) 識 24) 悲 25) 辶, 13 26) 糸, 10 27) 본받을 효 28) 취할 취(가질 취) 29) 항상 항 30) 둥글 원 31) 빌 허 32) 처음 시(비로소 시) 33) 이를 달 34) 다시 부(돌아올 복) 35) 오랠 구 36) 빗장 관(관계할 관) 37) 거짓 가 38) 움직일 동 39) 뿌리 근 40) 받을 수 41) 일어날 기 42) 이을 련 43) 줄 수 44) 맞을 적(갈 적) 45) 떨칠 양(드날릴 양) 46) 의지할 의 47) 溫泉 48) 尊敬 49) 貨物 50) 失禮 51) 權勢 52) 몸과 마음을 닦아 인격을 높임 53) 그 해가 저무는 때 54) 세금의 일부나 전부를 포탈함 55) 물질적으로나 정신적으로 보탬이 되는 것 56) 착실 57) 정신 58) 야유회 59) 공로 60) 축복 61) 숙적 62) 재개발 63) 난청 64) 신청서 65) 가로등 66) ①살필 성 ②덜 생 67) ①벌릴 렬 ②매울 렬 68) ④ 69) 烏合之卒(烏合之衆) 70) 語不成說 71) 在 72) 師 73) 泰 74) 暑 75) 監 76) 慶 77) 製 78) 藝 79) 試 80) 聖 81) 舊 82) 貴 83) 許 84) 將 85) 浴 86) 論 87) 察 88) 賢 89) 否 90) 料 91) 寒氣 92) 湖水 93) 處方 94) 勝敗 95) 祝電 96) 認定 97) 德 98) 停車場 99) 賣買 100) 落島

■ 제10회 (☞ 59~60쪽)

1) 대결 2) 과거 3) 봉사 4) 사춘기 5) 역사 6) 경매 7) 친구 8) 만복 9) 비음 10) 수억 11) 원리 12) 낙서 13) 절약 14) 행동거지 15) 철교 16) 은하수 17) 규칙 18) 구체적 19) 예식 20) 과외 21) 陽 22) 假(虛, 僞) 23) 究 24) 潔 25) 心, 15 26) 田, 10 27) 곳집 고 28) 흴 소(본디 소) 29) 사랑 자 30) 모양 상(문서 장) 31) 늦을 만 32) 구역 구(나눌 구) 33) 끊을 절(빼어날 절) 34) 빗장 관(관계할 관) 35) 저물 모 36) 무리 도 37) 바위 암 38) 나무 수 39) 곧을 정 40) 법칙 률(가락 률) 41) 만날 우 42) 힘쓸 무 43) 장수 장(장차 장) 44) 조세 세 45) 도장 인 46) 깊을 심 47) 亦是 48) 恒常 49) 利益 50) 推進 51) 依存 52) 죽은 사람이 남긴 재산 53) 다른 방도를 취하지 아니하고 어찌 꼭 54) 뒤로 물러섬 55) 정조를 굳게 지킨 여자 56) 해갈 57) 원근 58) 실업자 59) 성공 60) 특별 61) 유명무실 62) 수능 63) 요리 64) 패배 65) 밀담 66) ①악할 악 ②미워할 오 67) ①막을 방 ②둑 방 68) ② 69) 溫故知新 70) 信賞

必罰 71) 井 72) 且 73) 脚 74) 泉 75) 努 76) 復 77) 坤 78) 守 79) 旣 80) 賀 81) 逢 82) 此 83) 材 84) 尊 85) 造 86) 諸 87) 破 88) 鄕 89) 乎 90) 治 91) 暖房 92) 幸運 93) 本部 94) 圖表 95) 反對意見 96) 科學時間 97) 理由 98) 集合 99) 英才 100) 名醫

■ 제11회 (☞ 61~62쪽)

1) 나열 2) 수화 3) 취득 4) 시집 5) 청약 6) 탐구 7) 심야 8) 탈의 9) 웅장 10) 풍속 11) 현명 12) 연속 13) 산보 14) 수양 15) 우정 16) 고향 17) 살벌 18) 제외 19) 정신 20) 강사 21) 罰 22) 私 23) 惡(憎) 24) 且(又) 25) 行, 12 26) 冖, 11 27) 거짓 가 28) 말할 론 29) 힘쓸 로 30) 곳집 고 31) 다리 각 32) 머무를 류 33) 성낼 로 34) 생각할 고(상고할 고, 죽은아비 고) 35) 다 개 36) 말 막(없을 막) 37) 무리 도 38) 구역 구(나눌 구) 39) 깨끗할 결 40) 늦을 만 41) 서늘할 량 42) 일어날 기 43) 경사 경 44) 잊을 망 45) 매울 렬 46) 이미 기 47) 悲運 48) 興味 49) 防音 50) 由來 51) 要因 52) 축하의 예식 53) 해가 되는 악한 일 54) 찾아가서 봄 55) 약수(約數)를 갖지 아니하는 수(數) 56) 화물 57) 시력 58) 세금 59) 결번 60) 초대 61) 적정 62) 예우 63) 의지 64) 쾌활 65) 유원지 66) ①바꿀 역 ②쉬울 이 67) ①밝을 창 ②부를 창 68) ④ 69) 大同小異 70) 半面之分 71) 渴 72) 競 73) 結 74) 擧 75) 監 76) 固 77) 敬 78) 件 79) 個 80) 共 81) 輕 82) 建 83) 改 84) 功 85) 景 86) 檢 87) 客 88) 過 89) 經 90) 決 91) 著作權 92) 溪谷 93) 齒牙 94) 何如間 95) 政治 96) 葉書 97) 價格 98) 勇氣 99) 顔色 100) 妻福

■ 제12회 (☞ 63~64쪽)

1) 달필 2) 정상 3) 흥미 4) 교각 5) 문학 6) 회생 7) 존중 8) 기성 9) 수집 10) 절묘 11) 소설 12) 무성 13) 허영 14) 벌초 15) 폭력 16) 방문 17) 의존 18) 감상 19) 편안 20) 영토 21) 敗(負) 22) 惡 23) 助(扶, 補) 24) 遇 25) 心, 13 26) 臼, 18 27) 바쁠 망 28) 조세 세(세금 세) 29) 아닐 부(막힐 비) 30) 분별 별(다를 별, 구별 별) 31) 아래누이 매 32) 본디 소(흴 소) 33) 흩어질 산 34) 군사 병 35) 막을 방 36) 웃음 소 37) 죽일 살(감할 쇄) 38) 남녘 병(셋째천간 병) 39) 절 배 40) 이을 속 41) 서로 상 42) 엎드릴 복 43) 벌할 벌 44) 닦을 수 45) 차례 서 46) 바다 양(큰바다 양) 47) 奉仕 48) 效能 49) 頂上 50) 視聽 51) 取材 52) 손님을 청하여 대접함 53) 지은이 54) 다른 생각(색다름) 55) 일반에게 널리 알리는 것 56) 진퇴 57) 의무 58) 청순 59) 여한 60) 오판 61) 절기 62) 유행 63) 선열 64) 세밀 65) 신도 66) ①그림 화 ②그을 획 67) ①말미암을 유 ②기름 유 68) ① 69) 燈下不明 70) 同苦同樂 71) 果 72) 但 73) 給 74) 郡 75) 官 76) 端 77) 期 78) 貴 79) 橋 80) 談 81) 念 82) 規 83) 救 84) 島 85) 單 86) 極 87) 具 88) 都 89) 丹 90) 禁 91) 昨年 92) 慈悲 93) 圓滿 94) 英雄 95) 留意 96) 形狀 97) 答狀 98) 淨水 99) 授與 100) 農耕

■ 제13회 (☞ 65~66쪽)

1) 요청 2) 의사 3) 북두 4) 흥미 5) 연기 6) 장래 7) 등기 8) 문제 9) 정보 10) 신부 11) 택지 12) 유념 13) 최선 14) 친구 15) 국방 16) 현명 17) 신호 18) 여건 19) 접수 20) 의존 21) 逆 22) 深 23) 徒(群) 24) 打 25) 厂, 10 26) 亠, 6 27) 지킬 수 28) 놀 유 29) 어조사 어 30) 잃을 실 31) 거둘 수 32) 말미암을 유 33) 줄 여(더불 여) 34) 나 아 35) 순수할 순 36) 기름 유 37) 그릇될 오 38) 바위 암 39) 비로소 시(처음 시) 40) 더할 익(이로울 익) 41) 만날 우 42) 우러를 앙 43) 법 식 44) 도장 인 45) 위태할 위 46) 어조사 야 47) 論爭 48) 尊敬 49) 傳承 50) 罰則 51) 探究 52) 옳고 그름의 여부 53) 웃으면서 이야기 함 54) 뜻한 바를 이루는 것 55) 병들어 죽음 56) 은화 57) 용이 58) 취재 59) 밀어 60) 법률 61) 조작 62) 시인 63) 유업 64) 지남철 65) 청문회 66) ①다시 갱 ②바꿀 경 67) ①어조사 호 ②부를 호 68) ② 69) 目不識丁 70) 百害無益 71) 獨 72) 武 73) 陸 74) 歷 75) 冷 76) 飯 77) 滿 78) 練 79) 量 80) 放 81) 賣 82) 領 83) 兩 84) 房 85) 買 86) 綠 87) 旅 88) 保 89) 勉 90) 料 91) 流行 92) 暴惡 93) 前進 94) 常備軍 95) 傳統 96) 除雪車 97) 眞實 98) 榮光 99) 氏族 100) 修身齊家

■ 제14회 (☞ 67~68쪽)
1) 육성 2) 영웅 3) 발전 4) 도화 5) 소원 6) 철칙 7) 식품 8) 고전 9) 학력 10) 전설 11) 이기 12) 미완 13) 예법 14) 낙엽 15) 귀족 16) 악법 17) 가망 18) 충고 19) 가격 20) 신념 21) 假(僞) 22) 授(與) 23) 監(觀) 24) 面 25) 厂, 11 26) 皿, 19 27) 사랑 자 28) 얕을 천 29) 모두 제 30) 심을 재 31) 맏누이 자 32) 또 차 33) 지을 조(만들 조) 34) 나타날 저(입을 착) 35) 있을 재 36) 이 차 37) 있을 존 38) 끊을 절(빼어날 절) 39) 재목 재 40) 부를 창 41) 무리 중 42) 곧을 정 43) 어조사 재 44) 아내 처 45) 샘 천 46) 뜻 정 47) 燈油 48) 危急 49) 奉仕 50) 常識 51) 適當 52) 고향을 그리워 하는 마음 53) 남 모르게 준비해 두는 계책 54) 무슨 안을 생각하여 냄 55) 받들어 공경함 56) 호남 57) 문제 58) 문화재 59) 전쟁 60) 사관 61) 착륙 62) 수량 63) 훈련 64) 기간 65) 세배 66) ①북녘 북 ②패할 배 67) ①손가락 지(가리킬 지) ②가질 지(지킬 지) 68) ④ 69) 身言書判 70) 樂山樂水 71) 婦 72) 選 73) 賞 74) 氷 75) 富 76) 雪 77) 喪 78) 師 79) 佛 80) 城 81) 霜 82) 思 83) 備 84) 星 85) 仙 86) 使 87) 貧 88) 盛 89) 善 90) 謝 91) 號令 92) 祝歌 93) 節約 94) 敎養 95) 實技 96) 公害 97) 過熱 98) 氣流 99) 舊式 100) 病患中

■ 제15회 (☞ 69~70쪽)
1) 명의 2) 밀담 3) 영재 4) 패배 5) 집중 6) 요리 7) 이유 8) 수능 9) 과학 10) 실명 11) 반대 12) 특별 13) 도표 14) 성공 15) 본부 16) 실업 17) 행운 18) 원근 19) 난방 20) 해갈 21) 亡 22) 逆 23) 望 24) 請 25) 木, 14 26) 虍, 12 27) 들을 청 28) 사나울 폭(포) 29) 뽑을 추(밀 퇴) 30) 저 피 31) 취할 취(가질 취) 32) 짝 필 33) 바늘 침 34) 해칠 해 35) 쾌할 쾌 36) 어질 현 37) 벗을 탈 38) 부를 호 39) 찾을 탐 40) 좋아할 호(좋을 호) 41) 클 태 42) 재화 화 43) 판단할 판 44) 근심 환 45) 안을 포 46) 값 가 47) 烈女 48) 退步 49) 何必 50) 遺産 51) 依存 52) 미리 생각했던 대로 53) 늘 54) 장사 따위로 남은 돈 55) 앞으로 밀고 나아감 56) 예식 57) 규칙 58) 철교 59) 절약 60) 원리 61) 비음 62) 친구 63) 역사 64) 봉사 65) 대결 66) ①즐거울 락 ②좋아할 요(풍류 악) 67) ①받을 수 ②줄 수 68) ① 69) 衆口難防 70) 電光石火 71) 聖 72) 試 73) 聲 74) 識 75) 誠 76) 案 77) 勢 78) 眼 79) 細 80) 暗 81) 俗 82) 野 83) 送 84) 藥 85) 松 86) 養 87) 施 88) 如 89) 視 90) 餘 91) 課外 92) 具體的 93) 銀河水 94) 行動擧止 95) 落書 96) 數億 97) 萬福 98) 競賣 99) 思春期 100) 過去

■ 제16회 (☞ 71~72쪽)
1) 차고 2) 조국 3) 가면 4) 운동 5) 인주 6) 조형 7) 열렬 8) 지도 9) 수강 10) 노력 11) 요식 12) 신념 13) 매제 14) 영광 15) 밀담 16) 연구 17) 지속 18) 권세 19) 판명 20) 원만 21) 坤 22) 淺 23) 哀 24) 空 25) 木, 16 26) 手, 8 27) 바랄 희 28) 뿌리 근 29) 값 가 30) 일어날 기 31) 다리 각 32) 이미 기 33) 다 개 34) 성낼 로 35) 이지러질 결 36) 무리 도 37) 밭갈 경 38) 벌일 라(비단 라) 39) 생각할 고(죽은아비 고) 40) 서늘할 량 41) 빗장 관(관계할 관) 42) 고울 려 43) 나눌 구(구역 구) 44) 법률 률(가락 률) 45) 오랠 구 46) 없을 막(말 막) 47) 興味 48) 復活 49) 授業 50) 溪谷 51) 男妹 52) 옳고 그름 53) 따뜻한 방 54) 서로 통함 55) 쓴웃음 56) 경기 57) 존경 58) 절약 59) 순결 60) 장관 61) 연파 62) 습득 63) 양단 64) 강론 65) 독창 66) ①법칙 칙 ②곧 즉 67) ①있을 존 ②있을 재 68) ② 69) 朝令暮改 70) 絶世佳人 71) 易 72) 園 73) 葉 74) 爲 75) 藝 76) 恩 77) 屋 78) 陰 79) 往 80) 醫 81) 浴 82) 義 83) 容 84) 移 85) 雲 86) 以 87) 雄 88) 仁 89) 願 90) 因 91) 效能 92) 賞狀 93) 慈愛 94) 公開 95) 晩秋 96) 街路燈 97) 發達 98) 慶祝 99) 利益 100) 順序

■ 제17회 (☞ 73~74쪽)
1) 독서 2) 개혁 3) 최선 4) 보존 5) 항상 6) 유족 7) 성실 8) 전통 9) 분명 10) 귀중 11) 일치 12) 건물 13) 예절 14) 반역 15) 입장 16) 절호 17) 자신 18) 금연 19) 친구 20) 수리 21) 笑 22) 來 23) 衆(群,輩) 24) 勿 25) 戈, 7 26) 山, 23 27) 늦을 만 28) 남녘 병(셋째 천간 병) 29) 잊을 망 30) 엎드릴 복 31) 저물 모 32) 만날 봉 33) 묘할 묘 34) 흩어질 산 35) 무성할 무(우거질 무) 36) 모양 상(문서 장) 37) 막을 방 38) 이을 속 39) 잔 배 40) 나무 수

41) 칠 벌 42) 받을 수 43) 벌할 벌 44) 거둘 수 45) 무릇 범 46) 순수할 순 47) 難處 48) 復習 49) 律動 50) 硏究 51) 式順 52) 이를 닦는 데 쓰는 약 53) 지켜 방비하는 것 54) 절개가 곧은 여자 55) 따뜻한 방 56) 재회 57) 사고 58) 용기 59) 추앙 60) 유익 61) 판사 62) 자매 63) 교무실 64) 우애 65) 지장 66) ①그림 화 ②그을 획 67) ①이을 련 ②운전할 운 68) ③ 69) 九重深處 70) 大同小異 71) 將 72) 題 73) 低 74) 助 75) 貯 76) 早 77) 敵 78) 卒 79) 戰 80) 終 81) 展 82) 罪 83) 停 84) 曾 85) 政 86) 增 87) 祭 88) 進 89) 製 90) 眞 91) 現在 92) 石油 93) 哀願 94) 公認 95) 接待 96) 承服 97) 宿所 98) 法律 99) 訪問 100) 奉養

■ 제18회 (☞ 75~76쪽)
1) 서열 2) 대표 3) 전쟁 4) 처서 5) 결강 6) 이유 7) 우애 8) 선별 9) 대비 10) 막대 11) 유망 12) 화약 13) 평화 14) 결론 15) 고향 16) 특혜 17) 과제 18) 방공 19) 위급 20) 계곡 21) 失 22) 難 23) 打(征) 24) 又(亦) 25) 女, 6 26) 口, 12 27) 처음 시(비로소 시) 28) 만날 우 29) 깊을 심 30) 놀 유 31) 나 아 32) 기름 유 33) 우러를 앙 34) 남길 유 35) 슬플 애 36) 다를 이 37) 어조사 야 38) 도장 인 39) 거스릴 역 40) 당길 인(끌 인) 41) 연기 연 42) 어제 작 43) 영화 영 44) 장할 장 45) 날랠 용 46) 재목 재 47) 精誠 48) 與件 49) 快活 50) 復習 51) 連勝 52) 서로 마음과 뜻이 통함 53) 일반적인 지식이나 교양 54) 손님을 청하여 대접함 55) 용맹스러운 사람 56) 전승 57) 예배 58) 고생 59) 환자 60) 형편 61) 수칙 62) 오판 63) 감사 64) 냉방 65) 창성 66) ①셈 수 ②자주 삭 67) ①까마귀 오 ②새 조 68) ① 69) 指鹿爲馬 70) 頂門一鍼 71) 次 72) 統 73) 察 74) 波 75) 窓 76) 敗 77) 處 78) 閉 79) 鐵 80) 寒 81) 最 82) 限 83) 祝 84) 亥 85) 忠 86) 許 87) 致 88) 協 89) 他 90) 湖 91) 招待 92) 獨唱 93) 著作 94) 快活 95) 韓式 96) 圓滿 97) 貞潔 98) 河川 99) 認識 100) 宿直

■ 제19회 (☞ 77~78쪽)
1) 안과 2) 민중 3) 장유 4) 인식 5) 열정 6) 절교 7) 방송 8) 감기 9) 접속 10) 분파 11) 불량 12) 세밀 13) 졸업 14) 중요 15) 삼복 16) 탈락 17) 시간 18) 건물 19) 부동 20) 공원 21) 罰 22) 暖(溫) 23) 殺 24) 合 25) 犬, 8 26) 广, 10 27) 심을 재 28) 덜 제(나눗셈 제) 29) 어조사 재 30) 있을 존 31) 나타날 저(입을 착) 32) 높을 존 33) 맞을 적(갈 적) 34) 지킬 지(가질 지) 35) 마디 절 36) 또 차 37) 우물 정 38) 밝을 창 39) 깨끗할 정 40) 부를 창 41) 곧을 정 42) 아내 처 43) 정수리 정 44) 샘 천 45) 모두 제 46) 들을 청 47) 顔色 48) 伐草 49) 利益 50) 鄕愁 51) 乾坤 52) 기쁜 일 53) 학예를 가르쳐줌 54) 목적한 바를 이룸 55) 돈을 빌리거나 꾸어줌 56) 금연 57) 사고력 58) 연습 59) 경치 60) 오답 61) 항상 62) 권세 63) 경축 64) 유학 65) 사과 66) ①별 진 ②때 신 67) ①무리 도 ②기다릴 대 68) ④ 69) 四通八達 70) 一朝一夕 71) 號 72) 巨 73) 畵 74) 去 75) 回 76) 更 77) 可 78) 京 79) 加 80) 界 81) 歌 82) 苦 83) 看 84) 告 85) 感 86) 曲 87) 强 88) 空 89) 開 90) 科 91) 於此彼 92) 餘恨 93) 造化 94) 服務 95) 家族 96) 便紙 97) 必勝 98) 前進 99) 協助 100) 慈愛

■ 제20회 (☞ 79~80쪽)
1) 낙도 2) 가로 3) 매매 4) 신청 5) 정차 6) 난청 7) 인덕 8) 재발 9) 인정 10) 숙적 11) 축전 12) 행복 13) 승패 14) 공로 15) 처방 16) 정신 17) 호수 18) 착실 19) 한기 20) 야유회 21) 私 22) 暗 23) 備 24) 望(願) 25) 虎, 13 26) 曰, 12 27) 해칠 해 28) 도울 협 29) 시골 향 30) 돼지 해(열두째지지 해) 31) 어조사 호 32) 한정 한 33) 부를 호(숨내쉴 호) 34) 닫을 폐 35) 좋을 호 36) 물결 파 37) 근심 환(병 환) 38) 특허 특 39) 옛 구 40) 칠 타 41) 돌아올 회 42) 다를 타 43) 창문 창 44) 충성 충 45) 은혜 혜 46) 쇠 철 47) 修養 48) 歲暮 49) 脫稅 50) 權勢 51) 尊敬 52) 물질적으로나 정신적으로 보탬이 되는 것 53) 25℃ 이상의 지하수 54) 유형의 재화 55) 예절에서 벗어남 56) 사절 57) 파편 58) 탐구 59) 안면 60) 작년 61) 식순 62) 자매 63) 독창 64) 연구 65) 지시 66) ①북녘 북 ②패할 배 67) ①흥할 흥(일어날 흥) ②줄 여(더불 여) 68) ④ 69) 犬馬之勞 70) 明若觀火 71) 農 72) 令 73) 能 74) 流 75) 當 76) 李 77) 對 78) 萬 79) 圖 80) 末 81) 度 82) 亡 83) 讀 84) 每 85) 頭 86) 命 87) 樂 88) 聞 89) 良 90) 勿 91) 茂盛 92) 呼名 93) 餘波 94) 頂上 95) 綠色 96) 淨潔 97) 喪妻 98) 武器 99) 詩集 100) 暴惡